उपग्रहों का रोचक संसार

उपग्रहों का रोचक संसार

डी.डी. ओझा

विद्या विहार, नई दिल्ली

प्रकाशक : **विद्या विहार**
19, संत विहार (पहली मंजिल) गली नं. 2, अंसारी रोड, नई दिल्ली–110002
 / संस्करण : 2025 / मूल्य : तीन सौ रुपए
मुद्रक : यश प्रिंटोग्राफिक्स, नोएडा ISBN 978-93-80186-10-8

UPGRAHON KA ROCHAK SANSAR

by D.D. Ojha ₹ 300.00

Published by **VIDYA VIHAR**
19, Sant Vihar (First Floor), Street No.2, Ansari Road, New Delhi-110002

प्राक्कथन

अंतरिक्ष सदैव ही मानव के लिए रहस्यमय रहा है और अंतरिक्ष विज्ञान भी उतना ही प्राचीन है जितना कि स्वयं मानव। वस्तुतः भारतीय अंतरिक्ष विज्ञान का इतिहास हमें वैदिक काल की ओर ले जाता है। वेदों में हमें आकाश में घटित विभिन्न घटनाओं और ग्रहों के विस्तृत विवरण के बारे में जानकारी प्राप्त होती है। भारतवर्ष अनादि काल से ही ज्ञान-विज्ञान का उपासक रहा है। इस कारण पुरातन काल से हमारे यहाँ गणित, खगोल, रसायन, भौतिकी, ज्योतिष, चिकित्सा, विमानन, भैषज, अंतरिक्ष विज्ञान और सूचना व जैव प्रौद्योगिकी जैसे अनेकानेक विज्ञान क्षेत्रों में महत्त्वपूर्ण कार्य हुए हैं। भारत सदियों से ग्रह, उपग्रह एवं नक्षत्र आदि के ज्ञान में विश्वगुरु रहा है।

किसी भी राष्ट्र के योजनाबद्ध विकास के लिए विश्वसनीय एवं सामयिक सूचनाओं की आवश्यकता होती है। भारत जैसे बृहत् क्षेत्रफल, जनसंख्या एवं विषम भौगोलिक परिस्थितियोंवाले देश के लिए भू-आधारीय विधियों द्वारा सही रामयबद्ध सूचना एकत्रीकरण एवं प्राकृतिक संसाधन सर्वेक्षण एक जटिल प्रक्रिया है। उपग्रह आधारित भू-सर्वेक्षण प्रणाली ही इसका एकमात्र सरल एवं सशक्त विकल्प है। विगत कुछ दशकों में प्राप्त अंतरिक्ष उपलब्धियों के कारण आज उपग्रह जन-जीवन के अभिन्न अंग बन गए हैं।

मौसम विज्ञान, संचार एवं सुदूर संवेदन के क्षेत्रों में तो उपग्रहों ने तकनीकी क्रांति ही ला दी है।

संचार माध्यमों में असाधारण तकनीकी विकास, जो आज जनसाधारण द्वारा अनुभव किया जाने लगा है, अंतरिक्ष कार्यक्रमों के प्रसार की ही देन है। ऊँची पहाड़ी चोटी पर, जहाँ तारों का जाल नहीं बिछाया जा सकता, रहनेवाला ग्रामीण भी आज

उपग्रहों के द्वारा दूर देश-विदेश में सीधा डायल करके (एस.टी.डी., आई.एस.डी.) टेलीफोन पर अपने स्वजनों से संपर्क स्थापित कर सकता है। सहस्त्रों मील दूर विश्व के किसी कोने में हो रहे घटनाक्रमों का जीवंत दृश्य आज हम घर बैठे दूरदर्शन पर देख सकते हैं। व्यापार, सूचना प्रसारण, आपदा राहत, साक्षरता अभियान, प्रौढ़ शिक्षा, स्वास्थ्य एवं परिवार कल्याण, सामान्य ज्ञान प्रसार आदि अनेक महत्त्वपूर्ण क्षेत्रों में उपग्रह आधारित दूरसंचार एवं देशव्यापी दूरदर्शन प्रसारण माध्यम महत्त्वपूर्ण भूमिका का निर्वहण कर रहे हैं।

अंतरिक्ष में पहला कदम 4 अक्तूबर, 1957 को रखा गया। वस्तुत: यह वह दिन था, जब तत्कालीन सोवियत संघ ने 'स्पुतनिक-1' नामक अंतरिक्ष यान को अंतरिक्ष की कक्षा में भेजकर नए युग की शुरुआत की। इसी प्रकार मानव का अंतरिक्ष में पहला कदम 2 अप्रैल, 1961 को पड़ा, जब तत्कालीन सोवियत संघ के यूरी गगारिन ने 'वोस्वोक' नामक यान से अंतरिक्ष की यात्रा की। भारत में अंतरिक्ष अनुसंधान कार्यकलापों की वास्तविक शुरुआत सन् 1961 में हुई, जब इन कार्यकलापों को परमाणु ऊर्जा विभाग के अंतर्गत लाया गया। इसके एक वर्ष पश्चात् भारतीय अंतरिक्ष अनुसंधान परिषद् की स्थापना की गई। इसके साथ ही भारत में प्रयोगात्मक कार्यकलापों के लिए बाह्य अंतरिक्ष के उपयोग के प्रयास शुरू हो गए। इसके पश्चात् सन् 1963 में त्रिवेंद्रम (केरल) के निकट थुंबा में 'साउंडिंग रॉकेट प्रेक्षण सुविधा केंद्र' की स्थापना की गई।

भारत ने सर्वप्रथम 19 अप्रैल, 1975 को 'आर्यभट्ट' नामक उपग्रह का सफल प्रक्षेपण किया। इस समय अंतरिक्ष कार्यक्रम के क्षेत्र में भारत का स्थान विश्व में 11वाँ था, जो कि संप्रति छठे स्थान पर जा पहुँचा है। भारतीय अंतरिक्ष कार्यक्रम को गति देने का पूरा श्रेय स्वर्गीय डॉ. विक्रम अंबालाल साराभाई को ही जाता है, जिनके अथक प्रयासों से भारत ने अंतरिक्ष के क्षेत्र में इतनी प्रगति की है। 'चंद्रयान-I' इस दिशा में भारतीय वैज्ञानिकों की दक्षता का द्योतक है।

संचार उपग्रहों के टी.वी. तथा टेलीफोन के क्षेत्र में अद्वितीय प्रसार के लाभ से हम सभी परिचित हैं। किसी भी देश के आर्थिक तथा प्रौद्योगिक विकास हेतु प्राकृतिक संसाधनों की गवेषणा अत्यंत महत्त्वपूर्ण है और अत्यंत दुष्कर भी; परंतु भारत का उपग्रह आधारित सुदूर संवेदन इसके लिए वरदान सिद्ध हुआ है। यह आभास किया गया है कि जब तक किसी भी तकनीकी जानकारी का देश में सर्वाधिक बोली—समझी जानेवाली हिंदी भाषा में प्रचार-प्रसार नहीं होता तब तक वह अधूरा ही रहता है। इसी उद्देश्य को दृष्टिगत रखते हुए मैंने 'उपग्रहों का रोचक

संसार' विषयक पुस्तक का प्रणयन किया है।

इस पुस्तक में अंतरिक्ष, उपग्रह एवं सुदूर संवेदन संबंधित अनेकानेक महत्त्वपूर्ण विषयों, यथा—अंतरिक्ष अन्वेषण, इसमें पशुओं का योगदान, अतीत के अंतरिक्ष विज्ञानी, महिलाएँ, उपग्रह एवं प्रमोचन, विभिन्न प्रकार के उपग्रह, भारत में अंतरिक्ष कार्यक्रम, उद्देश्य, प्रमुख संस्थान, इसरो के जनक वैज्ञानिक, प्रथम अंतरिक्ष यात्री, भारतीय उपग्रहों का विहंगावलोकन, चंद्रयान-I मिशन एवं संबंधित नवीनतम जानकारी, कृत्रिम उपग्रहों के प्रकार, विश्व के अन्य देशों के राष्ट्रीय संचार उपग्रह, आर्यभट्ट, रोहिणी, इनसैट उपग्रह, एजुसैट, कार्टोसैट, इनसैट-4 सी.आर., रिसैट-2 उपग्रह, उपग्रह संचार प्रणाली की विभिन्न क्षेत्रों में उपादेयता, भारत में जी.पी.एस. कार्यक्रम, विश्व के प्रमुख उपग्रह संचार तंत्र, सुदूर संवेदन तकनीक एवं उपयोगिता, भौगोलिक सूचना प्रणाली (जी.आई.एस.) एवं उपयोग, क्वेकसैट एवं सौर ऊर्जा उपग्रह आदि नवीनतम तकनीकी विषयों पर अति दुर्लभ जानकारी अत्यंत सरल एवं बोधगम्य भाषा में यथोचित चित्रों सहित प्रदान की गई है।

इस पुस्तक का सफल लेखन कार्य परम पूज्यपाद अनंतश्रीविभूषित आचार्य महामंडलेश्वर श्री स्वामी महेशानंदजी गिरि महाराज के आशीर्वाद से ही संपन्न हुआ है। अतः यह पुस्तक उन्हीं के श्रीचरणों में सादर समर्पित है। इस पुस्तक के लेखन कार्य में स्वामी श्री स्वयंप्रकाश गिरिजी महाराज ने बहुमूल्य सुझाव देकर इसे लोकोपयोगी बनाया, अतः लेखक उनका बहुत कृतज्ञ है। लेखक श्री कालीशंकर एवं उन सभी विद्वान् कृतिकारों का भी हृदय से आभारी है, जिनकी कृतियों का यत्किंचित् उपयोग इस जनोपयोगी पुस्तक में लोगों के ज्ञान की अभिवृद्धि में तथा विज्ञान के लोकप्रियकरण में किया गया है। आशा है, पुस्तक में वर्णित तकनीकी जानकारी से प्रबुद्ध पाठकगण अवश्य लाभान्वित होंगे।

—डॉ. डी.डी. ओझा

विषय-सूची

अंतरिक्ष क्या है?

भौतिक रूप से अंतरिक्ष वह क्षेत्र है, जहाँ पृथ्वी का वायुमंडल समाप्त हो जाता है। अंतरिक्ष की यह भौतिक सीमा 1,000 कि.मी. से 2,000 कि.मी. के बीच आती है। इस ऊँचाई पर अंतरिक्ष का दाब नगण्य हो जाता है तथा इसे पूर्ण निर्वात भी कहा जा सकता है। पृथ्वी पर इस प्रकार के निर्वात की परिस्थिति बनाने के लिए बहुत धन खर्च करना पड़ता है। वस्तुतः अंतरिक्ष की सीमा-निर्धारण का कार्य एक विवादास्पद विषय है। चूँकि अंतरिक्ष अन्वेषण का सीधा संबंध अंतरिक्ष पर्यावरण के जैविक प्रभावों से है, जिसमें जाकर मनुष्य को काम करना पड़ता है, अतः इस विषय को ध्यान में रखते हुए अंतरिक्ष की जैविक परिभाषा भौतिक परिभाषा से अधिक महत्त्वपूर्ण और आवश्यक है।

सन् 1951 में स्ट्रंगहोल्ड और हैबर इत्यादि ने यह सुझाव दिया कि पृथ्वी के वायुमंडल की समाप्ति तथा अंतरिक्ष का प्रारंभ विभिन्न ऊँचाइयों पर विभिन्न जैविक प्रभावों के आधार पर किया जाना चाहिए। इन विभिन्न ऊँचाइयों को उन्होंने कार्यात्मक सीमाओं की संज्ञा दी है। पृथ्वी पर समस्त प्राणियों को शक्ति प्राप्त करने के लिए ऑक्सीजन की आवश्यकता होती है। यह आभास किया गया है कि पृथ्वी पर रहने का अभ्यस्त मानव पृथ्वी से 3 कि.मी. की ऊँचाई पर ऑक्सीजन की कमी का अनुभव करता है। इन ऊँचाइयों पर उसे साँस लेने में कठिनाई हो सकती है, सिरदर्द हो सकता है तथा कार्य करने की क्षमता कम हो सकती है। इस कारण मानव एकाग्रता भी खो सकता है। 15 कि.मी. की ऊँचाई पर मनुष्य ऑक्सीजन की कमी पूर्णरूप से अनुभव करता है। यह ध्यान देने की बात है कि इस ऊँचाई पर ऑक्सीजन पूरी तरह से समाप्त नहीं हो जाती, वरन् यहाँ पर वायुमंडल में ऑक्सीजन की मात्रा केवल 21 प्रतिशत ही रह जाती है। मनुष्य द्वारा इस ऊँचाई पर अत्यधिक कमी

अनुभव करने का कारण है दाब की अत्यधिक कमी। दाब की कमी के कारण हमारे फेफड़े इस ऑक्सीजन को अपने अंदर नहीं ले पाते हैं। यहाँ हमारे शरीर के अंदर तथा वायुमंडल के दाब में बहुत अंतर आ जाता है। इस कारण इस ऑक्सीजन को हमारा शरीर इन ऊँचाइयों पर तभी ग्रहण कर सकता है जब इस ऑक्सीजन को समुचित दाब प्रदान किया जाए। अंतरिक्ष की अन्य ऊँचाइयों पर मानव शरीर पर अन्य अनेक प्रकार के प्रभाव भी पड़ते हैं; परंतु जैविक दृष्टि से अंतरिक्ष की सीमा 3 कि.मी. से ही प्रारंभ हो जाती है।

अंतरिक्ष अन्वेषण

वस्तुत: अंतरिक्ष अन्वेषण में दो बातें मुख्य रूप से ध्यान दी जाती हैं। पहली बात तो यह है कि हम किस प्रकार यह ज्ञात करें कि अंतरिक्ष के विषम वातावरण में मानव शरीर काम कर पाएगा तथा दूसरी बात यह है कि हमारा अंतरिक्ष कैसा है? अंतरिक्ष में क्या-क्या है? कौन-कौन से ग्रह हैं तथा किन-किन में जीवन की संभावनाएँ हैं! पूरे ब्रह्मांड में कितने सौर मंडल हैं इत्यादि।

अंतरिक्ष अन्वेषण के तरीके

मनुष्य ने अंतरिक्ष अन्वेषण की प्रक्रिया के दौरान अनेक साधनों का उपयोग किया। प्रारंभ में तो सबसे बड़ी समस्या यह थी कि अंतरिक्ष में पहुँचा कैसे जाए? हमारे प्रारंभिक अंतरिक्ष के ज्ञान के प्रति उदासीनता और अनिश्चितता ने हमें बहुत समय तक इसी भ्रम में रखा कि अंतरिक्ष में तो हम कभी भी जा सकते हैं तथा इसके विषय में तो सोचने की आवश्यकता ही नहीं है। अंतरिक्ष के आक्रामक पर्यावरण का आभास मनुष्य को उस समय हुआ, जब पहली बार सन् 1803 में एक गुब्बारे में उड़ते हुए (चित्र-1) तीन व्यक्तियों में दो व्यक्ति ऑक्सीजन की कमी से बेहोश हो गए।

चित्र-1 : अंतरिक्ष अन्वेषण में गुब्बारे का प्रयोग।

अंतरिक्ष अन्वेषण के लिए अनेक प्रकार के तरीकों को उपयोग में लाया गया। इनमें गुब्बारे से लेकर रॉकेट और उपग्रह सभी शामिल थे। अंतरिक्ष अन्वेषण से संबंधित आँकड़े एकत्रित करनेवाले उपकरणों तक मनुष्य की सीधी पहुँच नहीं थी। इस कारण बाद में अंतरिक्ष अन्वेषण के लिए अंतरिक्ष स्टेशनों का सहारा लिया गया। तत्पश्चात् पुनः प्रयोजनीय यानों का भी उपयोग किया गया। अंतरिक्ष अन्वेषण के विभिन्न तरीकों को चित्र-2 में दरशाया गया है।

गुब्बारे

सबसे पहले अंत9रिक्ष अन्वेषण में हवा से भरे हुए गुब्बारों का उपयोग किया गया। गुब्बारा वह पहला उपकरण था, जो पृथ्वी की सतह से उड़ा। सर्वप्रथम पृथ्वी से 5 जून, 1783 को गुब्बारा अंतरिक्ष में भेजा गया। इसके बाद 19 सितंबर, 1783 को एक दूसरा गुब्बारा प्रथम जैविक प्रयोग के लिए छोड़ा गया। इसमें तीन जानवर—एक मुर्गा, एक बत्तख तथा एक भेड़—प्रथम अंतरिक्ष यात्री के तौर पर भेजे गए। यह गुब्बारा 500 फीट की ऊँचाई तक गया। इसी क्रम में 22 मार्च, 1874 को एक गुब्बारा 23,000 फीट की दूरी तक गया।

अपनी प्रवृत्ति के अनुसार कोई भी गुब्बारा वायुमंडल की सीमा के बाहर नहीं जा सकता। यह केवल समताप मंडल तक ही पहुँच सकता है। अंतरिक्ष और वायुमंडल के अन्वेषण में यह बहुत उपयोगी उपकरण के रूप में विगत कई वर्षों से उपयोग में लाया जाता रहा है। सन् 1931 में दो व्यक्ति पिकार्ड और किफर गुब्बारों की सहायता से 51,795 फीट की ऊँचाई तक पहुँच गए। इसमें एक केबिन बनाया गया था, जिसका दाब मनुष्य की आवश्यकता के अनुसार रखा गया था। सन् 1932 में ये व्यक्ति गुब्बारे की सहायता से 54,120 फीट तक पहुँच गए। इसी प्रकार सन् 1933 में सेटल और फोर्डनी 61,237 फीट तक पहुँचे थे।

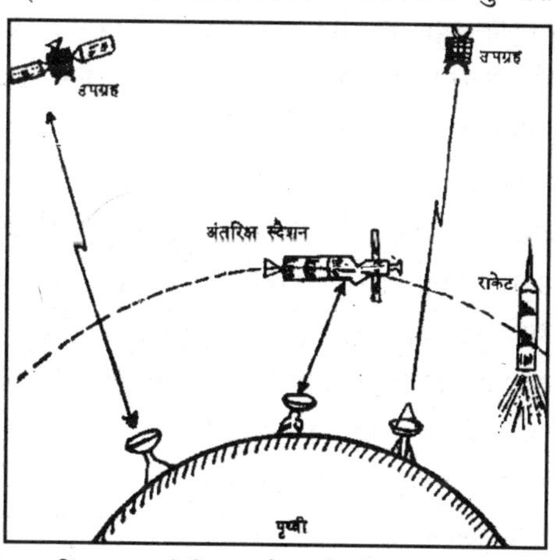

चित्र-2 : अंतरिक्ष अन्वेषण के विभिन्न तरीके।

प्रारंभ में इन गुब्बारों के निर्माण में प्लास्टिक का उपयोग

हुआ, परंतु उसके बाद रबड़ के गुब्बारे बनने लगे। तत्पश्चात् नाइलॉन और अन्य रासायनिक पदार्थों से भी गुब्बारों का निर्माण हुआ। गुब्बारों के द्वारा ऊँची उड़ानों के रिकॉर्ड बढ़ते ही गए। सन् 1957 में साइमन नामक एक व्यक्ति एक गुब्बारे में बैठकर 1,02,500 फीट तक गया। गुब्बारों के द्वारा तय की गई इन ऊँचाइयों में मानव की सुरक्षा के लिए दाबयुक्त केबिनों का उपयोग किया गया था। उसके बाद के गुब्बारे 1,40,000 फीट तक भी पहुँच गए। इन गुब्बारों के द्वारा अंतरिक्ष और वायुमंडल में अनेक प्रकार के प्रयोग किए गए। इनमें मनुष्यों और जानवरों पर वायुमंडल की ऊँचाई के प्रभाव तथा कॉस्मिक किरणों के प्रभावों का अध्ययन सम्मिलित था।

वायुयान

गुब्बारों द्वारा अंतरिक्ष के अध्ययन के साथ-साथ वायुयानों के द्वारा भी अंतरिक्ष और वायुमंडल के विषय में अन्वेषण किए गए। वायुयान की पहली उड़ान राइट बंधुओं के द्वारा 17 दिसंबर, 1903 को संपन्न हुई। यह वायुयान 120 फीट ऊँचाई तक उड़ा तथा वायुमंडल में 12 सेकंड तक रहा। सन् 1914 में वायुयानों को युद्ध के लिए विशेष रूप से उपयोगी समझा गया। सन् 1936 में ऐसे-ऐसे वायुयानों का निर्माण हुआ, जो गुब्बारों की ऊँचाई तक पहुँचने लगे। धीरे-धीरे इनकी ऊँचाई तथा गति में वृद्धि होने लगी। ब्रिटिश वायुयान चालक वायुयानों के द्वारा सन् 1936 और 1937 में क्रमशः 49,944 फीट तथा 53,937 फीट तक पहुँच गए। प्रारंभ में वायुयान खुले रूप में बनाए जाते थे (चित्र-3)। इस कारण गुब्बारों की भाँति इनमें भी पायलट दाबयुक्त सूट पहनकर जाने लगे तथा अंतरिक्ष अन्वेषण आसान हो गया। वायुयान के द्वारा 1,31,000 फीट की ऊँचाई तक जाना संभव हो सका। मर्करी यान द्वारा अंतरिक्ष अन्वेषण को चित्र-4 में दरशाया गया है। गुब्बारों के द्वारा अंतरिक्ष विज्ञान की दूसरी शाखा सुदूर संवेदन के कार्य करने में भी बहुत आसानी हुई। वायुयानों द्वारा

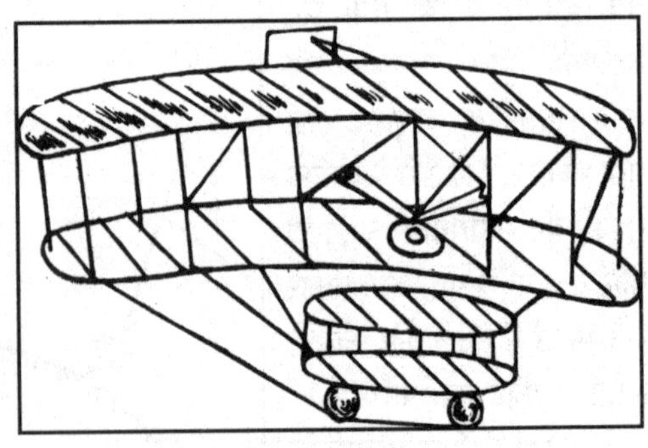

चित्र-3 : पुराने समय का वायुयान।

ही अंतरिक्ष में अनेक पदार्थों के गुणों का अध्ययन संभव हुआ, जिनका उपयोग बाद में अंतरिक्ष स्टेशनों के निर्माण में किया गया।

रॉकेट

कुछ समय तक अंतरिक्ष अन्वेषण के लिए गुब्बारों तथा वायुयानों का उपयोग हुआ, परंतु उनसे अंतरिक्ष की उन ऊँचाइयों तक नहीं पहुँचा जा सका, जिसकी मानव को इच्छा थी। वस्तुतः गुब्बारों और वायुयानों की अधिकतम सीमा 37 कि.मी. तक हो सकती है। इससे अधिक ऊँचाई तक अंतरिक्ष में जाना मात्र रॉकेटों के उपयोग से ही संभव था। रॉकेटों की यह विशेषता रही है कि इन पर वायुमंडल की वायुगति के प्रभावों का कोई प्रभाव नहीं पड़ता, क्योंकि ये अपने साथ ऑक्सीजन तथा ईंधन लेकर चलते हैं। हवाई जहाज वायुमंडल की उन्हीं सीमाओं पर जा सकते हैं, जहाँ पर ऑक्सीजन उपलब्ध रहती है। इसका कारण यह है कि अपनी यात्रा के दौरान हवाई जहाज वायुमंडल की ऑक्सीजन का उपयोग करके ऊर्जा उत्पन्न करता है।

रॉकेटों के विकास में विश्व की तीन महान् विभूतियों का वर्णन आता है। ये हैं—सिवोल्कोवास्की, ओबर्थ और गोडार्ड। इनमें सिवोल्कोवास्की रॉकेटों के संकल्पनात्मक विश्लेषण के विशेषज्ञ कहे जाते हैं। गोडार्ड ने रॉकेटों का वास्तविक रूप में विकास किया। वस्तुतः आधुनिक रॉकेटों के विकास में उनकी भूमिका अत्यंत ही महत्त्वपूर्ण रही है।

सन् 1942 में वी–2 नामक पहला जर्मन रॉकेट 114 मील की ऊँचाई तक गया और उसने पहली बार गुब्बारों व वायुयानों के रिकॉर्ड तोड़ दिए। सन् 1944 में यह ऊँचाई 120 मील तक पहुँच गई, जहाँ से अंतरिक्ष की लगभग सीमा प्रारंभ होती है। सन् 1949 में एक वी-2 और बैक कार्पोरल रॉकेट को मिलाकर दो स्टेजवाला रॉकेट बनाया गया, जो 250 मील की ऊँचाई तक गया।

इस प्रकार रॉकेटों को अधिक ऊँचाइयों तक भेजने के लिए रॉकेटों की स्टेजों में वृद्धि की जाने लगी। सन् 1954 में 'वाइकिंग' नाम का एक स्टेजवाला रॉकेट 258 मील तक पहुँचा। सन् 1955 में एक–एक एरोबी रॉकेट 193 मील की ऊँचाई तक पहुँचा। आज बहु–स्टेजवाले रॉकेटों की सहायता से मानव अंतरिक्ष में हजारों मील की ऊँचाइयों तक पहुँच चुका है। इसके पश्चात् तो चंद्र उड़ानों और अंतरग्राही उड़ानों के लिए भी उच्च शक्तिवाले रॉकेटों का उपयोग किया गया। उच्च शक्तिवाले रॉकेटों में अमेरिका के एटलस–सेंटोर, टिटान, एटलस; रूस का प्रोटान; जापान का

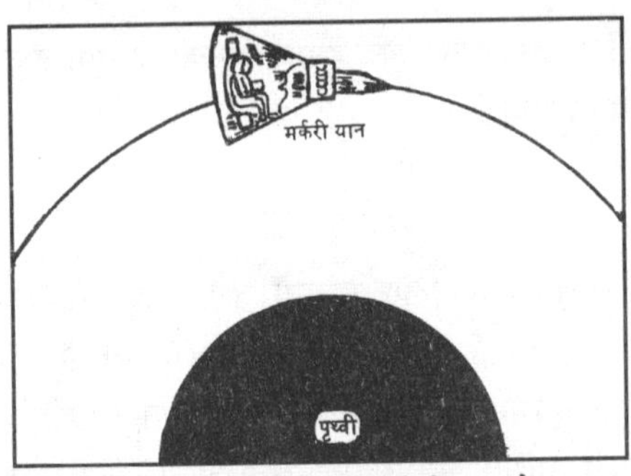

चित्र-4 : मर्करी यान द्वारा अंतरिक्ष अन्वेषण।

एन-रॉकेट; यूरोपीय अंतरिक्ष संस्था का एरियन तथा चीन के लॉन्ग मार्च रॉकेट प्रसिद्ध हैं।

वस्तुतः अंतरिक्ष अन्वेषण के क्षेत्र में वास्तविक भूमिका रॉकेटों ने ही निभाई है। रॉकेटों ने ही अनेक प्रकार के उपग्रह, अंतरिक्ष स्टेशन और प्रोब अंतरिक्ष में स्थापित किए हैं। अंतरिक्ष के अध्ययनों में भी इन्होंने एक महत्त्वपूर्ण भूमिका निभाई है। रॉकेटों की यह विशेषता रही है कि ये अंतरिक्ष अन्वेषण के लिए अल्प अवधि की ऊँचाइयों के लिए अधिक उपयुक्त पाए गए हैं। मनुष्य पर अंतरिक्ष के प्रभावों को जानने के लिए भी रॉकेटों का सहारा लिया गया है। इस कार्य के लिए रॉकेटों में अनेक प्रकार के जानवर तथा उपकरण रखकर भेजे गए। रॉकेटों का एक दोष यह है कि ये अंतरिक्ष अन्वेषण से संबंधित आँकड़े केवल अल्पावधि के लिए बहुत अधिक कीमत पर उपलब्ध कर पाते हैं। इतना ही नहीं, इन आँकड़ों की पुनरावृत्ति के लिए पुनः दूसरा रॉकेट अंतरिक्ष में भेजना पड़ता है।

उपग्रह

उपग्रह विषयक विस्तृत जानकारी इस पुस्तक में आगे प्रदान की गई है।

प्रोब

उपग्रह, जिनका विस्तार से विवेचन इस पुस्तक के आगामी पृष्ठों में दिया गया है तथा प्रोब का भी अंतरिक्ष अन्वेषण में उपयोग किया गया है। ये प्रोब किसी विशेष ग्रह अथवा तारे के विषय में जानकारी प्राप्त करने के लिए भेजे गए। उपग्रहों की अपेक्षा प्रोब अंतरिक्ष में बहुत दूरी तय करते हैं। अक्तूबर 1958 में प्रथम चंद्र प्रोब पायनियर भेजा गया था, जिससे चंद्रमा के विषय में जानकारी प्राप्त की गई।

सर्वेयर, ल्यूना इत्यादि प्रोब भी चंद्रमा पर भेजे गए। इसी प्रकार अन्य ग्रहों की खोज तथा उनमें जीवन की उपस्थिति का पता लगाने के लिए तरह-तरह के प्रोब भेजे गए। प्रोब में मात्र उपकरण होते हैं। इनमें मानव नहीं होता है।

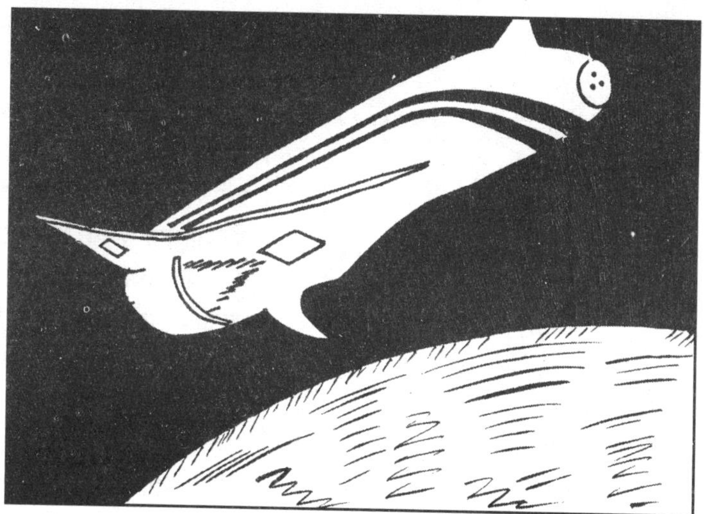

चित्र-5 : अमेरिकी स्पेस शटल की तरह का यान 'होटोल'।

अंतरिक्ष स्टेशन

मनुष्य की अंतरिक्ष अन्वेषण के प्रति उत्सुकता इतनी बढ़ी कि उसे अंतरिक्ष अन्वेषण में सीधे भाग लेना पड़ा। इस कारण अंतरिक्ष स्टेशनों का युग आया। इनमें बैठकर मानव अधिक समय तक अंतरिक्ष में चक्कर लगाने लगा। इन स्टेशनों ने अंतरिक्ष अन्वेषण को एक नई दिशा प्रदान की। अंतरिक्ष स्टेशन एक विशाल प्रयोगशाला की तरह अंतरिक्ष में विभिन्न प्रकार के प्रयोग कर सकता है। इनमें तरह-तरह के उपकरण लगाए जाते हैं। अंतरिक्ष स्टेशनों की शृंखला में सैल्युट-7, स्काईलैब और मीर अंतरिक्ष स्टेशन प्रमुख हैं। मीर रूस का सबसे विशाल स्टेशन है। अमेरिका ने अंतरिक्ष में स्थायी अंतरिक्ष स्टेशन बनाने की योजना बनाई, जिसमें विश्व के कई देशों के वैज्ञानिकों ने भाग लिया।

अंतरिक्ष स्टेशन में बहुत समय तक अंतरिक्ष अन्वेषण के कार्य किए जा सकते हैं तथा इनमें अंतरिक्ष यात्री हर समय उपस्थित रहते हैं। अमेरिकी स्पेस शटल की तरह के यान 'होटोल' को चित्र-5 में दरशाया गया है।

पुनः प्रयोजनीय यान

वस्तुतः अंतरिक्ष अन्वेषण एक महँगा कार्य है। रॉकेटों के द्वारा अंतरिक्ष अन्वेषण में यह पाया गया है कि एक रॉकेट अंतरिक्ष में एक ही बार जाता है और

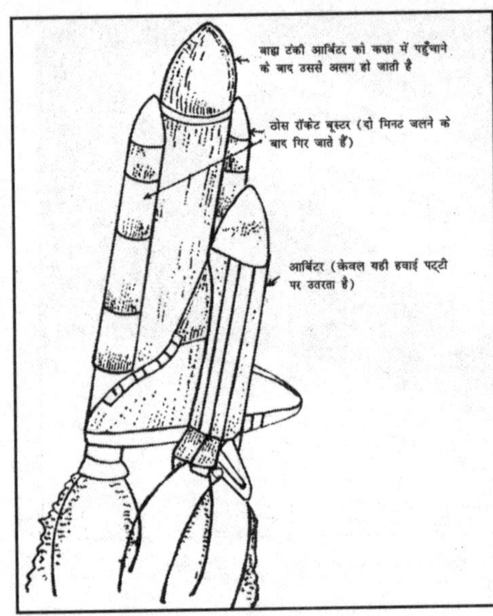

चित्र-6 : स्पेस शटल प्रमोचन यान।

उसके बाद नष्ट हो जाता है। इसका दुबारा उपयोग नहीं किया जा सकता है। काफी समय से वैज्ञानिक एक ऐसे प्रमोचन यान के निर्माण की योजना बना रहे थे, जिसे एक के बजाय कई बार उपयोग में लाया जा सके। इस प्रकार के यानों को पुनः प्रयोजनीय यान कहते हैं (चित्र-6)।

इसका अर्थ है, बार-बार उपयोग किया जानेवाला। अमेरिकी स्पेस शटल एक पुनः प्रयोजनीय यान था। स्पेस शटल की पहली उड़ान 12 अप्रैल, 1981 को संपन्न हुई। स्पेस शटल पृथ्वी से एक रॉकेट की भाँति उड़ती है तथा वापसी में यह पृथ्वी पर एक वायुयान की भाँति उतरती है। इससे अंतरिक्ष अन्वेषण का कार्य अपेक्षाकृत सस्ता पड़ता है।

अमेरिका के अतिरिक्त अन्य देश भी पुनः प्रयोजनीय यानों के निर्माण में लगे हैं। पुनः प्रयोजनीय यानों की महत्त्वपूर्ण श्रृंखला में कुछ प्रमुख नाम हैं—ब्रिटेन की 'होटोल' शटल, फ्रांस की 'हर्म्स' शटल, अमेरिका की नई स्पेस शटल 'स्पेसलेन' जर्मनी की 'सैंगर' तथा जापान की स्पेस शटल 'होप'।

पुनः प्रयोजनीय यान अंतरिक्ष में 300 से 900 कि.मी. पर पृथ्वी का चक्कर लगाते हैं तथा वहीं से ये अंतरिक्ष अन्वेषण के कार्य करते हैं। यहीं से ये छोटे-छोटे रॉकेटों के द्वारा बड़े-बड़े उपग्रह अधिक ऊँचाई की कक्षा में भेजते हैं। इन यानों के अंतरिक्ष यात्री विशेष प्रकार के उपकरणों की सहायता से मुक्त अंतरिक्ष में आकर अनेक प्रकार के अंतरिक्ष अन्वेषण के कार्य करते हैं। पुनः प्रयोजनीय यान अंतरिक्ष में एक से दो सप्ताह तक रहकर पृथ्वी पर वापस लौट आते हैं।

इस प्रकार यह कहा जा सकता है कि अंतरिक्ष अन्वेषण का कार्य, जो गुब्बारों से प्रारंभ हुआ, वह वायुयानों, रॉकेटों, उपग्रहों, प्रोबों और अंतरिक्ष स्टेशनों के दौर से गुजरते हुए अब स्पेस शटल जैसे पुनः प्रयोजनीय यानों तक पहुँच गया है।

इस दिशा में हो रही प्रगति से यह संकेत मिलता है कि जल्दी ही अंतरिक्ष में स्थायी स्टेशन का निर्माण होगा, जहाँ रहकर मनुष्य कई प्रकार के पदार्थों का उत्पादन कर सकेगा, जो पृथ्वी पर संभव नहीं है।

अंतरिक्ष अन्वेषण में अन्य प्राणियों का महत्त्वपूर्ण योगदान

वैज्ञानिकों को रॉकेटों से अंतरिक्ष में अंतरिक्ष यात्रियों को भेजने का खतरा विदित ही था। उस समय प्रश्न यह था कि भारहीनता की स्थिति में अंतरिक्ष यात्री जीवित कैसे रहेंगे ? लंबे समय तक भारहीनता को मानव द्वारा सहन न किए जाने के कारण वैज्ञानिकों ने मानव से पहले अन्य प्राणियों को अंतरिक्ष में भेजने का निश्चय किया। उन्होंने बंदर, चिंपैंजी, कुत्ते और अन्य कई जीव अंतरिक्ष में भेजे। वैज्ञानिकों ने गहन परीक्षण करके जानवरों पर पड़नेवाले अंतरिक्ष यात्रा के प्रभावों का पता लगाया और उन्हें पृथ्वी पर सकुशल उतारने के प्रयास किए। इन प्रयासों में कई प्राणी सकुशल पृथ्वी पर लौट आए; परंतु कई शहीद भी हो गए।

पहले प्रयोगाधीन प्राणियों को उपकक्षीय अर्थात् सब ऑर्बिटल उड़ानों पर भेजा गया। वस्तुत: उपकक्षीय उड़ान का अर्थ है—पृथ्वी से ऊपर की ऊँचाइयों तक खड़ी उड़ान। परंतु इस उड़ान में यान पृथ्वी की कक्षा में नहीं घूमता है। समुद्र तल से 100 कि.मी. की ऊँचाई के बाद अंतरिक्ष की सीमा मान ली जाती है। उपकक्षीय उड़ानें इस सीमा के पार जाती हैं, इसलिए उन्हें भी अंतरिक्ष उड़ान कहा जाता है। सन् 1950 के दशक में इन्हीं उड़ानों से मानव की भावी अंतरिक्ष यात्रा की संभावना का पता लगाया गया।

चित्र-7 : मर्करी कैप्सूल से अंतरिक्ष में भेजा गया रीसस बंदर।

अमेरिकी अंतरिक्ष वैज्ञानिकों ने 11 जून, 1948 को न्यू मेक्सिको राज्य के ह्वाइट सेंड्स मिसाइल केंद्र से वी-2 ब्लूजम रॉकेट से अल्बर्ट-1 नामक रीसस बंदर (चित्र-7) को अंतरिक्ष में भेजा था। इसके तीन वर्ष बाद 14 जून, 1948 को वी-2 की दूसरी उड़ान में

वायुसेना हवाई चिकित्सा प्रयोगशाला का अल्बर्ट-2 नामक बंदर अंतरिक्ष में भेजा गया। अल्बर्ट-2 अंतरिक्ष में लगभग 113 कि.मी. की ऊँचाई तक पहुँचा, परंतु प्रमोचन यानी लॉम्चिंग के संघात से उसकी मृत्यु हो गई।

31 अगस्त, 1948 को वी-2 रॉकेट की एक और उड़ान में एक चूहा भेजा गया। चूहे ने प्रमोचन के संघात को सह लिया और जीवित रहा। उड़ान के दौरान उसके फोटो भी खींचे गए। 12 दिसंबर, 1949 को ह्वाइट सेंड्स मिसाइल केंद्र से वी-2 रॉकेट की उड़ान में अल्बर्ट-4 नामक बंदर भेजा गया। उससे अनेक उपकरण जुड़े हुए थे। यद्यपि उड़ान सफल रही तथा उड़ान के दौरान बंदर पर कोई बुरा प्रभाव नहीं पड़ा, परंतु वापसी में संघात के कारण उसकी मृत्यु हो गई। मई 1950 में अल्बर्ट श्रृंखला का अंतिम यानी पाँचवाँ वी-2 रॉकेट छोड़ा गया, जिसमें एक चूहा भेजा गया। वह संघात को सहकर जीवित रहा।

इसके बाद न्यू मेक्सिको होलोमन वायु सैनिक अड्डे से 20 सितंबर, 1950 को एयरोबी मिसाइल की एक उड़ान में योरिक नामक बंदर और 11 चूहे भेजे गए। उड़ान के बाद उन्हें सकुशल उतार लिया गया। एयरोबी मिसाइल ने 71.9 कि.मी. ऊँची उड़ान भरी थी। आकाश में योरिक की वह ऊँची उड़ान एक नई उपलब्धि थी।

सोवियत अंतरिक्ष कार्यक्रम के महानायक सर्गेई पावलोविच कोरोलेव, उनके जैव-चिकित्सा विशेषज्ञ ब्लादिमीर याज्दोवस्की और अन्य सहयोगियों की टीम ने भी रॉकेटों में परीक्षण के लिए पहले चूहे तथा खरगोश और फिर कुत्ते भेजे। कुत्ते भी जोड़ी में, जिससे तुलनात्मक आँकड़े प्राप्त हो सकें। परीक्षण के दौरान उन्होंने सोचा, कुत्तों पर जो प्रभाव पड़ेगा, वह दोनों कुत्तों पर पड़ेगा। परीक्षण के लिए उन्होंने मादा कुत्ते (कुतिया) चुने, जिससे कैप्स्यूल के भीतर अपने पिंजरे में उन्हें मूत्र त्यागने में टाँग उठाने की परेशानी न हो। कोरोलेव की टीम ने सन् 1951-52 के दौरान आर-1 श्रृंखला के रॉकेटों में कम-से-कम नौ कुत्ते ऊँची उड़ान पर पृथ्वी की उपकक्षा में भेजे। श्रृंखला की हर उड़ान में विशेष प्रकार के पिंजरों में कुत्तों की एक-एक जोड़ी भेजी गई। उड़ान के बाद उन्हें पैराशूट से उतार लिया जाता। 22 जुलाई, 1951 को देजिक और त्साइगन की जोड़ी आसमान की ऊँची उड़ान पर भेजी गई। वे पृथ्वी की उपकक्षा में पहुँचनेवाले पहले कुत्ते थे। वे 100 कि.मी. की ऊँचाई तक पहुँचे तथा उड़ान के बाद उन्हें सकुशल पृथ्वी पर उतारा गया।

सितंबर में देजिक ने एक बार फिर लीसा के साथ ऊँची उड़ान भरी। परंतु यह उड़ान असफल रही। उसमें दोनों कुत्तों की मृत्यु हो गई। कोरोलेव को इस घटना से बहुत आघात लगा। इस उड़ान के आँकड़ों को रिकॉर्ड करनेवाला उपकरण

सुरक्षित मिल गया। इसके बाद स्मेलाया और मलाइस्का नामक कुत्तों को भेजने का निर्णय लिया गया।

उसके पश्चात् चौथी उड़ान असफल रही, जिसमें दो कुत्तों की मृत्यु हुई। पाँचवीं उड़ान सफल रही। उसमें दो कुत्ते भेजे गए। 15 सितंबर, 1951 को छठी उड़ान में भी दो कुत्ते भेजे गए। पहले से तय दो कुत्तों में से एक बोबिक भाग गई। तत्पश्चात् उसके स्थान पर जिब को भेजा गया। दोनों कुत्ते 100 कि.मी. की ऊँचाई तक पहुँचे और सकुशल पृथ्वी पर वापस लौटे। इनके अलावा ओत्वाज्नाया, स्नेझिंका, अल्बीना, त्साइगेंका, दामका, क्रासव्का, दिम्का, मोद्नित्सा और कोज्याव्का नामक कुत्तों ने भी ऊँची उड़ानें भरीं। अल्बीना, त्साइगेंका को वायुमंडल की ऊपरी सीमा में 85 कि.मी. की ऊँचाई तक भेजकर, इंजेक्ट करके उनकी इजेक्शन सीटों सहित पृथ्वी पर उतार लिया गया। अनेक कुत्तों ने 480 कि.मी. तक की ऊँची उड़ान भी भरी। उसी दौरान सोवियत संघ ने 4 अक्तूबर, 1957 को पृथ्वी की कक्षा में मानव निर्मित प्रथम उपग्रह 'स्पुतनिक-1' भेजकर अंतरिक्ष की दौड़ में अपना वर्चस्व स्थापित कर दिया। 'स्पुतनिक-1' को चित्र-8 में दरशाया गया है।

अमेरिका ने भी 22 मई, 1952 को होलोमन वायु सैनिक अड्डे से पैट्रिसिया और माइक नामक दो फिलिपीनी बंदरों को एयरोबी के अग्रभाग में रखकर अंतरिक्ष की ओर भेजा। पैट्रिसिया को सीधे और माइक को झुकी हुई अवस्था में बैठाया गया। इससे आशय उनके शरीर पर मिसाइल की तेज गति के प्रभाव का पता लगाना था। इस उड़ान में उनके साथ मिल्ड्रेड तथा अल्बर्ट नामक दो सफेद चूहे भी भेजे गए। उन्हें एक ऐसे ड्रम में रखा गया, जो धीरे-धीरे घूमता रहता था। भारहीनता की स्थिति में वे ड्रम के भीतर तैर सकते थे। दोनों बंदर और चूहे 3,200 कि.मी. प्रति घंटे के वेग से लगभग 57.6 कि.मी. की ऊँचाई तक पहुँचे। इसके बाद उन्हें पैराशूट की सहायता से पृथ्वी पर उतार लिया गया।

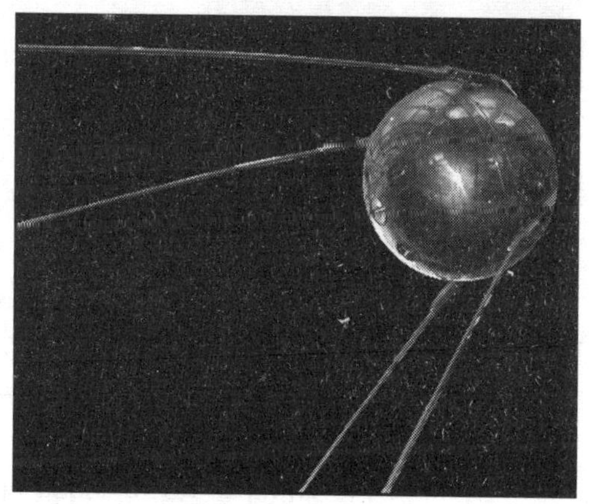

चित्र-8 : स्पुतनिक-1

चित्र-9 : स्पुतनिक-2

इसके पश्चात् स्पुतनिक-2 (चित्र-9) में सोवियत संघ ने लाइका नामक कुत्ते (चित्र-10) को भेजा। वस्तुत: उस लाइका का नाम तो कुद्रयाण्का था, परंतु अंतरिक्ष पर जाने के लिए उसका नया नाम 'लाइका' यानी भौंकनेवाला रखा गया।

मोंगरेल किस्म की लगभग तीन वर्ष की लाइका को मॉस्को शहर की किसी गली से पकड़ा गया। वैज्ञानिकों का मानना था कि गलियों तथा सड़कों पर पाए जाने वाले कुत्तों में विपरीत परिस्थितियों को सहन करने की क्षमता अधिक होती है। लाइका को अंतरिक्ष यात्रा के लिए प्रशिक्षण दिया गया तथा उसके लिए एक विशेष कैप्स्यूल बनाया गया। स्पुतनिक-2 में जीवन रक्षा प्रणाली के साथ-साथ लाइका के शरीर पर पड़नेवाले प्रभावों का पता लगाने के लिए अनेक वैज्ञानिक उपकरण भी रखे गए।

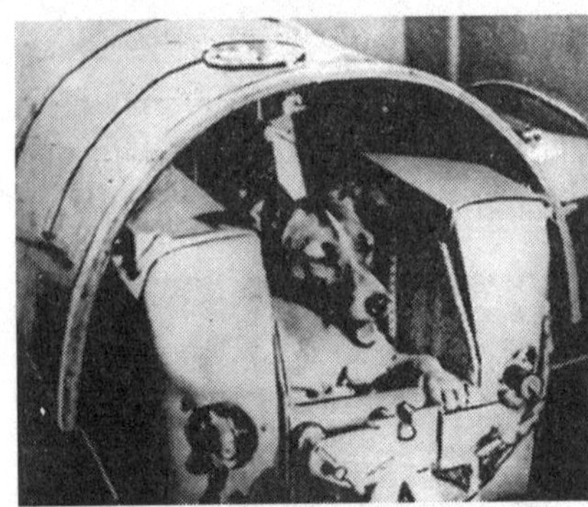

चित्र-10 : स्पुतनिक-2 में अंतरिक्ष यात्रा में भेजा गया लाइका।

लाइका की अंतरिक्ष यात्रा का 3 नवंबर, 1957 ऐतिहासिक दिन था। सोवियत संघ ने बाइकानूर कॉस्मोड्रोम से 508.3 कि.ग्रा. भार के स्पुतनिक-2 का प्रमोचन किया। स्पुतनिक-2 पृथ्वी की कक्षा में पहुँचा और लाइका हमारी धरती से औसतन 3,200 कि.मी. की ऊँचाई पर पृथ्वी की कक्षा में पहुँचनेवाला प्रथम प्राणी बन गया। कुछ समय पश्चात् उसकी वहाँ मृत्यु हो गई। इस प्रकार मानव के लिए अंतरिक्ष की राह आसान बनानेवाली लाइका का जीवन बलिदान हो गया।

स्पुतनिक-2 ने अंतरिक्ष में पृथ्वी के चक्कर लगाए और 14 अप्रैल, 1958 को पृथ्वी के वायुमंडल में भीषण घर्षण के साथ जलकर नष्ट हो गया। लाइका के

बलिदान को सम्मान देने के लिए मॉस्को शहर के बाहर स्टार सिटी में शहीद अंतरिक्ष यात्रियों के साथ ही लाइका का भी स्मारक बनाया गया है। मॉस्को के जिस अनुसंधान केंद्र में लाइका को प्रशिक्षण दिया गया था, वहाँ भी एक स्मृति-फलक लगाया गया है।

लाइका की अंतरिक्ष यात्रा से अमेरिकी अंतरिक्ष कार्यक्रम में भी गति आई। अमेरिका ने प्राणियों पर अंतरिक्ष यात्रा के प्रयोगों की कड़ी में 'माउस इन एबल' (एम.आई.ए.) परियोजना के तहत आकाश की ऊँचाइयों में कुछ चूहे भेजे। 23 अप्रैल, 1958 को केप कैनेवरल से थोर-एबल 'रीएंट्रि-1' परीक्षण के अंतर्गत पहला चूहा भेजा गया। परंतु प्रमोचन के बाद ही वह रॉकेट नष्ट हो गया। थोर-एबल 'रीएंट्रि-2' परीक्षण के लिए 9 जुलाई, 1958 को लास्का नामक दूसरा चूहा भेजा गया। 23 जुलाई, 1958 को विल्की नामक तीसरा चूहा आकाश की ऊँचाइयों में गया, परंतु उड़ान के बाद वह समुद्र में चला गया। 16 सितंबर, 1959 को केप कैनेवरल से जुपिटर रॉकेट से 14 चूहे आकाश की ऊँचाइयों में भेजे गए, परंतु प्रमोचन के बाद ही वह रॉकेट नष्ट हो गया।

अमेरिका ने 13 दिसंबर, 1958 को केप कैनेवरल से जुपिटर ए. एम.-13 रॉकेट में लगभग 1 फीट ऊँचा और लगभग डेढ़ कि.ग्रा. भारी गोर्डो नामक गिलहरी बंदर अंतरिक्ष में भेजा। वह अंतरिक्ष की यात्रा करनेवाला पहला नर वानर अर्थात् प्राइमेट था। उस बंदर की शरीर रचना मानव की शरीर रचना से मिलती-जुलती थी। वैज्ञानिकों ने उसे विशेष अंतरिक्ष पोशाक पहनाई। रॉकेट 480 कि.मी. की ऊँचाई तक गया तथा वापसी में कैप्स्यूल दक्षिणी अटलांटिक सागर में गिरा। तकनीकी खराबी के कारण कैप्स्यूल का पैराशूट नहीं खुला और गोर्डो भी पानी में गिरकर डूब गया। इस यात्रा में गोर्डो के शरीर से जुड़े उपकरणों ने पृथ्वी पर महत्त्वपूर्ण जानकारी भेजी। 16,000 कि.मी. प्रति घंटे के वेग से लगभग 15 मिनट की उड़ान के दौरान अंतरिक्ष में पहुँचने और 8.3 मिनट तक भारहीनता की स्थिति में रहने पर भी गोर्डो की नाड़ी की गति बहुत कम धीमी पड़ी। गोर्डो मिशन से स्पष्ट हो गया कि अंतरिक्ष यात्रा करने पर मनुष्य के शरीर पर कोई विशेष बुरा प्रभाव नहीं पड़ेगा।

गोर्डो की अंतरिक्ष यात्रा के लगभग छह माह पश्चात् 28 मई, 1959 को अमेरिकी अंतरिक्ष वैज्ञानिकों ने जुपिटर रॉकेट से एबल तथा बेकर नामक मादा बंदरों को अंतरिक्ष में भेजा। एबल रीसस बंदर था और बेकर (चित्र-11) छोटे आकार का दक्षिण अमेरिकी गिलहरी बंदर। उनके शरीर में वैज्ञानिकों ने इलेक्ट्रोड लगाए, जिससे अंतरिक्ष यात्रा में उनके शरीर पर पड़नेवाले प्रभावों की जानकारी

चित्र-11 : जुपिटर मिसाइल के मॉडल के साथ गिलहरी बंदर 'बेकर'।

वैज्ञानिकों को मिलती रहे। ये दोनों बंदर भी 480 कि.मी. की ऊँचाई तक पहुँचे और पृथ्वी पर सकुशल लौट आए।

अमेरिका ने अपनी डिस्कवरर श्रृंखला के थोर एजेना-ए रॉकेट से 3 जून, 1959 को डिस्कवरर-3 सैन्य उपग्रह में चार काले चूहे भी अंतरिक्ष में भेजे। वापसी में चूहों की मृत्यु हो गई और डिस्कवरर-3 का कैप्स्यूल प्रशांत सागर में डूब गया।

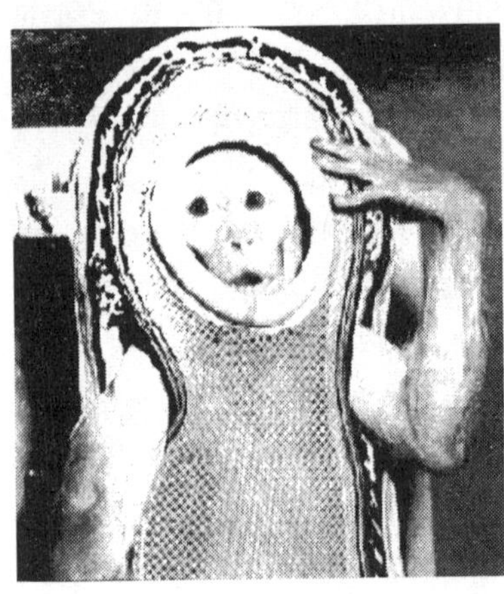

चित्र-12 : सैम।

अंतरिक्ष में प्राणियों को भेजने का क्रम जारी रहा। 4 दिसंबर, 1959 को अमेरिका ने सैम नामक रीसस बंदर को अंतरिक्ष में भेजा। उसका नाम अमेरिकी वायु सेना के ब्रुक्स एयरफोर्स बेस, टैक्सास स्थित स्कूल ऑफ एविएशन मेडिसिन के प्रारंभिक शब्दों अर्थात् एस.ए.एम. को मिलाकर 'सैम' (चित्र-12) रखा गया। उसे मर्करी कैप्स्यूल के भीतर एक विशेष बेलनाकार कैप्स्यूल में रखा गया। इस प्रयोग का आशय प्रमोचन पलायन-वेग का पता लगाना था—अर्थात् यह कि रॉकेट कैप्स्यूल को कितने वेग से अंतरिक्ष में छोड़ता है और इस तीव्र वेग का मर्करी कैप्स्यूल के भीतर बैठे सैम पर क्या प्रभाव पड़ता है?

मर्करी कैप्स्यूल का प्रमोचन 15 मीटर ऊँचे और 2 मीटर व्यास के 'लिटिल-जो' रॉकेट ने 5,896 कि.मी. प्रति घंटे के वेग से मर्करी कैप्स्यूल को आकाश में छोड़ा और वह 81.6 कि.मी. की ऊँचाई छूकर 'लिटिल-जो' से पृथक् होने के बाद अटलांटिक महासागर में सुरक्षित रूप से उतरा। कई घंटे बाद सैम को महासागर से निकाला गया। वह सकुशल था। इस यात्रा से उसके शरीर पर कोई प्रतिकूल प्रभाव नहीं पड़ा तथा वह अगले तेईस वर्षों तक जीवित रहा। सैम की मृत्यु नवंबर 1982 में हुई।

सोवियत संघ ने तत्पश्चात् नए सिरे से कुत्तों पर अंतरिक्ष यात्रा के परीक्षण शुरू किए। 28 जुलाई, 1960 को कोराब्ल-स्पुतनिक से बार्स तथा चिसिच्का नामक दो कुत्तों की जोड़ी भेजी गई; परंतु प्रमोचन के समय 28.5 सेकंड के बाद ही बूस्टर में विस्फोट हो जाने के कारण यह प्रयास विफल रहा। बार्स और चिसिच्का शहीद हो गए। अगले माह 19 अगस्त, 1960 को स्पुतनिक-5 में कुत्तों की एक और जोड़ी अंतरिक्ष में भेजी गई, जिनका नाम था स्ट्रेल्का और बेल्का (चित्र-13)। उनके साथ 1 खरगोश, 40 चुहियाँ, 2 चूहे, फलमक्खियों से भरे 2 फ्लास्क और कई प्रकार के पौधे भी भेजे गए। इन सभी जीवों ने पृथ्वी की कक्षा में एक दिन बिताया और उसके बाद इन्हें सकुशल पृथ्वी पर उतार लिया गया। वस्तुतः पृथ्वी की कक्षा में जीवित रहनेवाले ये पहले जीव थे। पृथ्वी पर लौटने के बाद स्ट्रेल्का ने 6 पिल्लों को जन्म दिया। उनमें से एक पिल्ला तत्कालीन सोवियत संघ के राष्ट्रपति निकिता ख्रुश्चेव ने अमेरिका के तत्कालीन राष्ट्रपति जॉन एफ. केनेडी की पुत्री कैरोलीन केनेडी को भेंट किया था। उस पिल्ले का नाम था—पुशिन्का।

चित्र-13 : स्ट्रेल्का और बेल्का की अंतरिक्ष सैर।

पुशिन्का की भी संतानें हुईं। मृत्यु के बाद स्ट्रेल्का और बेल्का के शरीर को मॉस्को के अंतरिक्षयानिकी स्मारक संग्रहालय में संरक्षित किया गया (चित्र-14) है।

इसके बाद 1 दिसंबर, 1960 को स्पुतनिक-6 में कुत्तों की एक और जोड़ी शेल्का और मुश्का को अंतरिक्ष में भेजा गया। वे भी पृथ्वी की कक्षा में एक दिन रहे; परंतु वापसी में गलत कोण से पृथ्वी के वायुमंडल में प्रवेश करने के कारण स्पुतनिक-6 नष्ट हो गया और उसके साथ ही अंतरिक्ष में जानेवाले शेल्का

चित्र-14 : मृत्यु के बाद संरक्षित स्ट्रेल्का।

चित्र–15 : चिंपैंजी हैम।

और मुश्का का भी बलिदान हो गया।

इसके पश्चात् अमेरिका ने भी 31 जनवरी, 1961 को केप कैनेवरल, फ्लोरिडा से अपने मर्करी रेडस्टोन रॉकेट से 'हैम' नामक चिंपैंजी को पृथ्वी की उप–कक्षीय उड़ान पर भेजा। उस चिंपैंजी का नाम होलोमन एयरो मेडिकल लैबोरेटरी के पहले शब्दों को मिलाकर हैम (चित्र–15) रखा गया।

हैम अंतरिक्ष की उड़ान पर भेजा जानेवाला विश्व का प्रथम चिंपैंजी था। उसका जन्म जुलाई 1957 में फ्रेंच कैमरून, पश्चिमी अफ्रीका में हुआ था। हैम के शरीर से अनेक संवेदनशील चिकित्सा उपकरण जुड़े हुए थे। पृथ्वी की उप–कक्षीय उड़ान में हैम ने 9,371 कि.मी. प्रति घंटे के वेग से यात्रा की और वह 251 कि.मी. की ऊँचाई तक पहुँचा। अपनी 16.5 मिनट की उड़ान में वह 6.6 मिनट तक भारहीनता की स्थिति में रहा।

हैम ने एक प्रयोग के तहत अपने हाथों से उत्तोलक यानी लीवर भी खींचे। सफेद रोशनी जलने पर उसे दाहिने हाथवाला लीवर खींचना था और नीली रोशनी जलने पर बाएँ हाथवाला लीवर। अगर हैम सही लीवर खींचता तो उसे पुरस्कार–स्वरूप केला मिलता और गलत लीवर खींचने पर पैर में बिजली का हलका झटका भी लगता। उड़ान के दौरान हैम पर कोई बुरा प्रभाव भी नहीं पड़ा। उड़ान के अंत में हैम का कैप्स्यूल अटलांटिक महासागर में गिरा, जहाँ से उसे निकाल लिया गया। यात्रा के बाद की चिकित्सा में हैम थोड़ा थका हुआ लगा। उसने बचाव करनेवाले जहाजियों के साथ प्रसन्न होकर फोटो भी खिंचवाए।

हैम की सफल उड़ान से अमेरिकी वैज्ञानिक को विश्वास हो गया कि अब अंतरिक्ष में मानव को भी भेजा जा सकता है। इससे अमेरिका के प्रथम अंतरिक्ष यात्री एलन बी. शेपर्ड जूनियर की भावी अंतरिक्ष यात्रा की राह आसान हो गई।

जैसा कि विदित ही है, सोवियत संघ और अमेरिका में अंतरिक्ष में पहले मानव भेजने की बड़ी प्रतिस्पर्धा थी। 3 नवंबर, 1957 को पृथ्वी की कक्षा में लाइका को भेजकर सोवियत संघ इस दौड़ में आगे निकल चुका था।

सोवियत संघ ने दामका और क्रासाव्का की असफल उड़ान के बाद स्पुतनिक–

चित्र-16 : स्ट्रेल्का, चेरनुस्का, बेल्का डाक टिकट में।

9 में 9 मार्च, 1961 को चेरनुस्का नामक कुत्ता अंतरिक्ष में भेजा। चेरनुस्का को जोड़ी में नहीं, अकेला भेजा गया। क्योंकि इस बार उसके साथ एक नकली यानी 'डमी' अंतरिक्ष यात्री भी था। सोवियत संघ के वैज्ञानिकों ने उस नकली अंतरिक्ष यात्री का नाम 'इवान इवानोविच' रखा था। स्पुतनिक-9 ने पृथ्वी की कक्षा का एक चक्कर लगाया। उसी माह 21 मार्च, 1961 को सोवियत संघ ने स्पुतनिक-10 में ज्वेज्दोच्का कुत्ते के साथ पुनः एक 'डमी' अंतरिक्ष यात्री अंतरिक्ष में भेजा। परंतु इस बार उसे अंतरिक्ष पोशाक भी पहनाई गई। कुत्ते का नाम ज्वेज्दोच्का यानी 'नन्हा सितारा' स्वयं यूरी गगारिन ने रखा था। स्पुतनिक-10 की यह अंतिम और निर्णायक अभ्यास उड़ान थी, क्योंकि सोवियत संघ ने इसके बाद अंतरिक्ष में मानव भेजने का गोपनीय निर्णय ले लिया था। 'डमी' अंतरिक्ष यात्री को इस बार भी कैप्स्यूल से बाहर 'इजैक्ट' कराया गया। वह फिर पैराशूट से पृथ्वी पर उतर आया।

इन दोनों उड़ानों ने निस्संदेह सिद्ध कर दिया कि मानव को सुरक्षित रूप से अंतरिक्ष की यात्रा पर भेजा जा सकता है। स्ट्रेल्का, चेरनुस्का, बेल्का तथा ज्वेज्दोच्का की स्मृति में एक डाक टिकट भी जारी किया गया। (चित्र-16)।

इसी उड़ान के 18 दिन पश्चात् 12 अप्रैल, 1961 को सोवियत संघ ने वोस्तोक-1 रॉकेट से यूरी गगारिन को अंतरिक्ष में भेज दिया। मूक प्राणियों ने जो राह बनाई थी, उसने मानव को अंतरिक्ष में पहुँचा दिया। यूरी गगारिन अंतरिक्ष में जानेवाले विश्व के प्रथम मानव अंतरिक्ष यात्री बन गए। अंतरिक्ष में वे 1 घंटा 48 मिनट रहे। इसी क्रम में 5 मई, 1961 को अमेरिका ने भी मर्करी रेडस्टोन-3 रॉकेट से अपने पहले अंतरिक्ष यात्री एलन बी. शेपर्ड को सफलतापूर्वक अंतरिक्ष में भेज दिया। शेपर्ड अंतरिक्ष में 15 मिनट रहे।

इनोस पहला चिंपैंजी था, जिसने मर्करी एटलस यान में पृथ्वी की कक्षा में चक्कर लगाए। फ्रांस ने अल्जीरिया के हम्मागुईर प्रमोचन रेंज से वेरोनिक ए.जी.आई. साउंडिंग रॉकेट नं. 47 में 18 अक्तूबर, 1963 को फेलिक्स नामक बिल्ली अंतरिक्ष

में भेजी। अंतरिक्ष में लंबी अवधि तक रहने से प्राणियों के शरीर पर वॉन एलन पट्टियों से पड़नेवाले विकिरण के प्रभाव का पता लगाने के लिए सोवियत संघ ने 22 फरवरी, 1966 को जैव उपग्रह कॉस्मोस-110 यानी वोस्खोद-3 में वेटेरॉक तथा यूगोलायोक नामक दो कुत्ते अंतरिक्ष यात्रा पर भेजे। दोनों कुत्तों ने अंतरिक्ष में 22 दिन बिताए, जो मनुष्य के अतिरिक्त अन्य प्राणियों के लिए अंतरिक्ष में लंबी अवधि तक रहने का आज भी एक रिकॉर्ड है।

इसके पश्चात् अमेरिका ने सन् 1966 में जैव उपग्रह मिशन शृंखला शुरू की और अपना पहला जैव उपग्रह या बायोसैटेलाइट-1 अंतरिक्ष में भेजा। सोवियत संघ ने सन् 1973 में जीव वैज्ञानिक परीक्षणों के लिए 'बायोन' उपग्रहों की शृंखला शुरू की। ये कॉस्मोस शृंखला के उपग्रह भी कहे जाते हैं। इन उपग्रहों में केंचुए, चीटियाँ, मेढक, मछलियाँ, कोयल के अंडों, बीजों और पौधों के अलावा बंदर भी भेजे गए।

अतः यह कहा जा सकता है कि मानव के लिए अंतरिक्ष यात्रा को सुगम बनाने में अनेक प्राणियों (जानवरों) ने अपने प्राणों का बलिदान किया, एतदर्थ उनके प्रति कृतज्ञता ज्ञापित करना नितांत आवश्यक है।

□

अतीत के अंतरिक्ष विज्ञानी

कोन्स्तांतिन त्सिओल्कोवस्की

मूलतः सोवियत संघ के वैज्ञानिक कोन्स्तांतिन त्सिओल्कोवस्की (चित्र-17) को आधुनिक रॉकेट सिद्धांत का जनक एवं अंतरिक्ष यात्रा का पथ-प्रदर्शक कहा जाता है। वे एक महान् विचारक थे। अंतरिक्ष में मानव के भविष्य को लेकर उनके स्वप्नदर्शी विचार न केवल महान् थे वरन् उनके समय से भी बहुत आगे थे। त्सिओल्कोवस्की बचपन से ही अंतरिक्ष यात्री बनने का स्वप्न देखते थे। उनका मानना था कि मनुष्य का भविष्य बाह्य अंतरिक्ष में ही है। इसलिए उन्होंने इस संबंध में अध्ययन एवं शोध करने का मानस बना लिया, जिससे अगली पीढ़ी के लिए अंतरिक्ष यात्रा करना संभव हो सके।

चित्र-17 : कोन्स्तांतिन त्सिओल्कोवस्की।

योहान केपलर

योहान केपलर पश्चिम जर्मनी के खगोलविद् थे। वे एक महान् गणितज्ञ और कई कृतियों के रचयिता भी थे। केपलर (चित्र-18) ने ग्रह-गतियों के नियम प्रतिपादित किए। उनके नियम प्राकृतिक एवं कृत्रिम उपग्रहों की गतियों पर भी लागू होते हैं तथा अंतरिक्ष यानों की यात्राएँ भी इन्हीं नियमों के अनुसार तय होती हैं।

चित्र-18 : यूहान केपलर।

टुको ब्राए

चित्र-19 : टुको ब्राए।

दूरबीन का आविष्कार होने से पहले आकाश का अवलोकन करनेवाले टुको ब्राए (चित्र-19) सबसे वरेण्य खगोलविद् थे। टुको द्वारा तैयार की गई सारणियों का खगोल-विज्ञान में महत्त्वपूर्ण योगदान रहा है।

रॉबर्ट हचिंग्स गोडार्ड

वस्तुतः रॉबर्ट हचिंग्स गोडार्ड ऐसे पहले वैज्ञानिक थे, जिन्होंने रॉकेट और अंतरिक्ष यात्रा की संभावनाओं को अनुभव करने के साथ-साथ उन्हें व्यावहारिक धरातल पर लाने में महत्त्वपूर्ण योगदान दिया। गोडार्ड (चित्र-20) ने विश्व के पहले अत्यधिक ऊँचाई पर उड़नेवाले प्रारंभिक तरल ईंधन रॉकेट (चित्र-21) का डिजाइन तैयार किया और निर्माण किया। गोडार्ड ने आज की लंबी दूरीवाले रॉकेटों, प्रक्षेपास्त्रों, उपग्रहों और अंतरिक्ष उड़ान के लिए तकनीकी बुनियाद रखी।

चित्र-20 : रॉबर्ट हचिंग्स गोडार्ड।

बहु-स्तरीय रॉकेटों के विचार पर सन् 1914 में अमेरिकी पेटेंट प्राप्त करने वाले गोडार्ड पहले व्यक्ति थे। उन्होंने उसी वर्ष रॉकेट में उपयोग किए जानेवाले तरल ईंधन के लिए भी पेटेंट प्राप्त किया।

गोडार्ड का जन्म 5 अक्तूबर, 1882 को मेसाचुसेट्स स्थित वॉस्टर में हुआ था। सन् 1883 में गोडार्ड के माता-पिता नाहुम डैनफोर्ड गोडार्ड और फैनी होयट गोडार्ड बोस्टन चले गए। बार-बार बीमार पड़ने के कारण गोडार्ड नियमित रूप से स्कूल नहीं जा सके। इसके बाबजूद भी वे एक प्रतिभाशाली विद्यार्थी रहे। उन्होंने बचपन से ही अंतरिक्ष यात्रा की लगन विकसित की। वस्तुतः ये गोडार्ड ही थे, जिन्होंने सर्वप्रथम 16 मार्च, 1926 को स्वयं के द्वारा विकसित किए गए एक तरल ईंधन रॉकेट को प्रमोचित किया। रॉकेट और अंतरिक्ष उड़ान से

चित्र-21 : विश्व का पहला रॉकेट।

संबंधित अनेक वस्तुओं की सर्वप्रथम खोज उनके द्वारा की गई थी, जैसे—रॉकेट ईंधन के लिए उपयुक्त पंप, स्व-शीतलक रॉकेट मोटर, परिवर्तनीय उत्प्रेरक रॉकेट मोटर तथा व्यावहारिक रॉकेट प्रमोचन उपकरण। गोडार्ड ने तरल ईंधन प्रयुक्त करनेवाले प्रथम रॉकेट का निर्माण और परीक्षण सफलतापूर्वक किया था।

हरमान ओबेर्थ

हरमान ओबेर्थ का जन्म 24 जून, 1894 को हुआ था। प्रख्यात विज्ञान कथाकार जूल वर्न की पुस्तकें पढ़कर ग्यारह वर्ष की आयु में ही ओबेर्थ (चित्र-22) का रॉकेट एवं अंतरिक्ष यात्रा की ओर तीव्र आकर्षण हुआ। ओबेर्थ ने मात्र चौदह वर्ष की आयु में पहला मॉडल रॉकेट बनाया। ओबेर्थ ने भारहीनता संबंधी प्रयोगों की एक शृंखला का संचालन करने के साथ-साथ रॉकेट की डिजाइन पर भी अनुसंधान कार्य किया।

चित्र-22 : हरमान ओबेर्थ।

वर्नहिर वॉन ब्रॉन

ब्रॉन ने पहले जर्मनी और बाद में अमेरिका में रॉकेट प्रौद्योगिकी के विकास में पथ-प्रदर्शक की भूमिका निभाई। द्वितीय विश्वयुद्ध के पूर्व एवं युद्ध के दौरान वे जर्मनी के रॉकेट विकास प्रकल्प के मुखिया थे। ब्रॉन (चित्र-23) को अमेरिकी अंतरिक्ष कार्यक्रम का मुख्य रचयिता माना जाता है। ब्रॉन ने हांटसबिले में स्पेस एवं रॉकेट सेंटर की स्थापना में विशेष योगदान दिया तथा 'नासा' के मुख्यालय में डिप्टी एसोसिएट एडमिनिस्ट्रेटर फॉर प्लैनिंग के रूप में कार्य किया।

चित्र-23 : वर्नहिर वॉन ब्रॉन।

यूरी गगारिन

यूरी गगारिन (चित्र-24) 12 अप्रैल, 1961 को अंतरिक्ष में पहुँचनेवाले पहले मानव थे। उनका जन्म 9 मार्च, 1934 को रूस के एक गाँव में हुआ था। उन्होंने अपना पेशा एक ढलाईकार के रूप में एक धातु कारखाने में शुरू किया था। एयरो क्लब के सदस्य बनने के पश्चात् उन्होंने हलका वायुयान उड़ाना सीखा। सन् 1960 में व्यापक खोज एवं चयन-प्रक्रिया पूरी करने के पश्चात् गगारिन एवं अन्य

चित्र-24 : यूरी गगारिन।

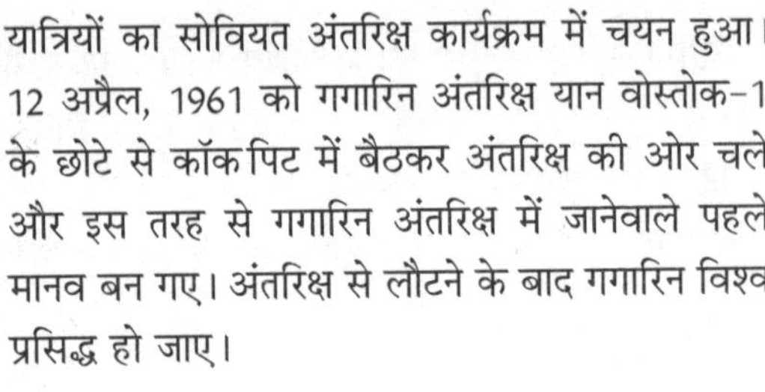

यात्रियों का सोवियत अंतरिक्ष कार्यक्रम में चयन हुआ। 12 अप्रैल, 1961 को गगारिन अंतरिक्ष यान वोस्तोक-1 के छोटे से कॉकपिट में बैठकर अंतरिक्ष की ओर चले और इस तरह से गगारिन अंतरिक्ष में जानेवाले पहले मानव बन गए। अंतरिक्ष से लौटने के बाद गगारिन विश्व प्रसिद्ध हो जाए।

एलन शेपर्ड

चित्र-25 : एलन शेपर्ड।

अंतरिक्ष में जानेवाले पहले अमेरिकी एलन शेपर्ड (चित्र-25) थे। उनका जन्म न्यू हैंपशायर में ईस्ट डेरी में हुआ था। शेपर्ड नासा के सर्वप्रथम चुने जानेवाले 7 मर्करी अंतरिक्ष यात्रियों में से एक थे। शेपर्ड को 5 मई, 1961 को फ्रीडम-7 अंतरिक्ष यान से भेजा गया। यह एक मुक्त प्रक्षेप पथ अवकक्षीय उड़ान थी एवं इस 15 मिनट की उड़ान को हस्त-नियंत्रित किया गया था। शेपर्ड एकमात्र मर्करी अंतरिक्ष यात्री थे, जिन्हें बाद में चाँद पर भेजा गया था। शेपर्ड की दूसरी अंतरिक्ष यात्रा अपोलो-14 मिशन के कमांडर के रूप में थी। यह मिशन (13 जनवरी-9 फरवरी, 1971) मानव का तीसरा सफल लैंडिंग मिशन था। उन्हें चाँद पर गोल्फ खेलनेवाले एकमात्र व्यक्ति के रूप में जाना जाता है। शेपर्ड सन् 1965 से 1974 तक नौसेना के अंतरिक्ष यात्री के प्रशिक्षण कार्यक्रम के निदेशक भी रहे।

जॉन हर्शेल ग्लेन

चित्र-26 : जॉन हर्शेल ग्लेन।

अंतरिक्ष में जानेवाले जॉन हर्शेल ग्लेन (चित्र-26) तीसरे अमेरिकी और पृथ्वी की कक्षा में भ्रमण करनेवाले पहले अमेरिकी थे। ग्लेन फ्रेंडशिप-7 पर सवार होकर पृथ्वी की कक्षा में पहुँचे थे। ग्लेन ने सतहत्तर वर्ष की आयु में स्पेस शटल डिस्कवरी मिशन एस.टी.एस.-9 पर सवार होकर अंतरिक्ष यात्रा की एवं इतनी अधिक आयु में अंतरिक्ष में जानेवाले वे एकमात्र व्यक्ति थे।

अमेरिका के लिए ग्लेन की सफल कक्षीय अंतरिक्ष यात्रा एक महान् तकनीकी उपलब्धि थी। ग्लेन अंतरिक्ष से लौटकर पृथ्वी पर एक राष्ट्रीय नायक बन गए। लुइस फील्ड क्लीवलैंड ओहायो में स्थित नासा जॉन-एच ग्लेन रिसर्च सेंटर का नाम ग्लेन के नाम पर रखा गया है।

अंतरिक्ष अन्वेषण में महिलाओं का योगदान

अंतरिक्ष अन्वेषण के क्षेत्र में भी महिलाओं की एक विशिष्ट भूमिका रही है और इस क्षेत्र में उन्होंने महत्त्वपूर्ण योगदान दिए हैं। 15 अक्तूबर, 2007 तक विश्व के 464 अंतरिक्ष यात्री अंतरिक्ष में गए, जिनमें 49 महिलाएँ हैं। 49 महिलाओं में 41 अमेरिकी महिलाएँ, 3 रूसी, 2 कनाडा की तथा एक-एक फ्रांस, जापान और ब्रिटेन की महिलाएँ हैं। 41 अमेरिकी महिलाओं में 2 भारतीय मूल की महिलाएँ—कल्पना चावला तथा सुनीता विलियम्स—भी हैं।

चित्र-27 : विश्व की प्रथम महिला अंतरिक्ष यात्री वैलेंतीना तेरेस्कोवा।

अंतरिक्ष में जानेवाली प्रथम महिला वैलेंतीना तेरेस्कोवा (चित्र-27) थीं, जो 16 जून, 1963 को वोरटोक-6 अंतरिक्ष यान के द्वारा अंतरिक्ष में गईं। तेरेस्कोवा अंतरिक्ष में जानेवाली केवल प्रथम महिला ही नहीं थीं वरन् अंतरिक्ष में जानेवाली वे प्रथम साधारण मानव भी थीं। वे एक टेक्सटाइल मिल में कार्य करनेवाली एक साधारण कार्यकर्ता थीं। अंतरिक्ष में जानेवाली द्वितीय महिला भी सोवियत संघ की ही स्वेतलाना सैवित्स्क्या थीं (चित्र-28), जो 19 अगरत, 1982 को सैल्युट-7 अंतरिक्ष स्टेशन में गई।

चित्र-28 : स्वेतलाना सैवित्स्क्या।

वैलेंतीना तेरेस्कोवा के अंतरिक्ष में जाने के बीस वर्ष बाद ही प्रथम अमेरिकी महिला सैली राइड 18 जून, 1983 को स्पेस शटल चैलेंजर के द्वारा अंतरिक्ष में गईं (चित्र-29)। एक वर्ष बाद वे चैलेंजर के द्वारा पुनः अंतरिक्ष में गईं। सन् 1984

चित्र-29 : अंतरिक्ष में जानेवाली प्रथम अमेरिकी महिला सैलीराइड।

में स्वेतलाना सैवित्स्क्या अंतरिक्ष में स्पेस वॉक करनेवाली प्रथम महिला बनीं। 30 अगस्त, 1984 को अंतरिक्ष में स्पेस शटल डिस्कवरी के द्वारा जानेवाली डॉ. जूडिथ रेसनिक द्वितीय अमेरिकी अंतरिक्ष यात्री बनीं। अंतरिक्ष में दो बार जानेवाली प्रथम विश्व महिला स्वेतलाना सैवित्स्क्या तथा दो बार जानेवाली प्रथम अमेरिकी महिला सैलीराइड थीं।

अंतरिक्ष में स्पेस वॉक करनेवाली प्रथम महिला कैथरीना सुलीवान थीं और अंतरिक्ष में जानेवाली (1984 में) पहली माँ महिला अंतरिक्ष यात्री अन्ना फिशर थीं। अंतरिक्ष में जानेवाली प्रथम मिश्रित महिला/पुरुष अंतरिक्ष यात्री दल में स्वेतलाना सैवित्स्क्या, ल्योनिड पोपाव व अलेक्जेंडर सेरेब्रोब थे, जो सन् 1982 में सैल्युट-7 अंतरिक्ष स्टेशन गया। प्रथम मिश्रित अंतरिक्ष यात्री दल में सैलीराइड, क्रिपन, फ्रेडरिक हॉक, जान फैवियन और नॉर्मन थैगर्ड थे, जो जून 1983 में चैलेंजर स्पेस शटल से अंतरिक्ष में गया। नवंबर 1989 में किसी अमरीकी मिलिटरी अंतरिक्ष मिशन में जानेवाली डॉ. कैथरीन थार्नटन (चित्र-30) प्रथम महिला अंतरिक्ष यात्री थीं। अंतरिक्ष में जानेवाली प्रथम नीग्रो महिला अंतरिक्ष यात्री डॉ. मॉय जेमिसन थीं।

चित्र-30 : कैथरीन थार्नटन।

डॉ. जूडिथ रेसनिक और क्रिस्टा मैकाफी प्रथम दो महिलाएँ थीं, जिनकी मृत्यु अंतरिक्ष उड़ान (स्पेस शटल चैलेंजर की दुर्घटना 28 जनवरी, 1986) के दौरान हुई।

अंतरराष्ट्रीय अंतरिक्ष स्टेशन 'अल्फा' के स्थायी अंतरिक्ष यात्री दल की प्रथम महिला सदस्य सुसान हेल्म्स प्रथम महिला अंतरिक्ष यात्री थीं, जिन्होंने अंतरिक्ष से हैम रेडियो के माध्यम से सीधे पृथ्वी के लोगों और नियंत्रण केंद्र से बात की (चित्र-31)।

चित्र-31 : सुसान हेल्म्स।

चित्र-32 : सुनीता विलियम्स।

चित्र-33 : डॉ. शैनल ल्युसिड।

अंतरिक्ष में एक समय में सबसे लंबा प्रवास गुजारनेवाली महिला हैं सुनीता विलियम्स (चित्र-32)। उन्होंने 16 जून, 2007 को अंतरिक्ष में 194 दिन, 18 घंटे और 03 मिनट गुजारे।

चित्र-34 : अनोसेह अंसारी।

अंतरिक्ष स्टेशन मीर में सबसे लंबा प्रवास (एक समय) करनेवाली महिला डॉ. शैनल ल्युसिड (चित्र-33) थीं, जिनका प्रवास 188 दिन का था।

अंतरिक्ष में जानेवाली प्रथम अंतरिक्ष महिला पर्यटक अनोसेह अंसारी (चित्र-34) थीं।

महिलाओं में सुनीता विलियम्स ने सबसे अधिक स्पेस वॉक की है तथा मुक्त अंतरिक्ष में सबसे अधिक समय गुजारा है। उन्होंने मुक्त अंतरिक्ष में कुल 29 घंटे 17 मिनट का समय गुजारा। उनका यह विश्व रिकॉर्ड है, जो अभी तक कायम है।

अंतरिक्ष में सबसे लंबा प्रवास गुजारनेवाली महिला भी डॉ. शैनल ल्युसिड

चित्र-35 : कल्पना चावला।

हैं। वे एक जैव रसायनज्ञ हैं तथा उनका कुल अंतरिक्ष प्रवास 5 अंतरिक्ष उड़ानों के दौरान 223 दिन, 2 घंटे और 57 मिनट का है तथा यह भी विश्व रिकॉर्ड है। अब अंतरिक्ष में छह देशों के महिला अंतरिक्ष यात्री जा चुके हैं। इन देशों के महिला अंतरिक्ष यात्रियों ने अंतरिक्ष में कुल 112 बार अंतरिक्ष यात्राएँ कीं तथा अंतरिक्ष में 2003 दिन, 18 घंटे और 16 मिनट का प्रवास किया। भारतीय मूल की प्रथम महिला अंतरिक्ष यात्री कल्पना चावला (चित्र-35) थीं, जिनकी स्पेस शटल कोलंबिया की दुर्घटना में मृत्यु हो गई।

□

ग्रह क्या है?

किसी निश्चित पथ पर गति करते हुए किसी स्थिर तारे की परिक्रमा करनेवाला आकाशीय पिंड 'ग्रह' कहलाता है। सूर्य के चारों ओर पृथ्वी जैसी कई पृथ्वियाँ घूम रही हैं। इन सभी को ग्रह की संज्ञा दी गई है। इनकी कुल संख्या नौ है। सूर्य से दूरी के अनुसार इनके नाम हैं—

1. बुध (Mercury)
2. शुक्र (Venus)
3. पृथ्वी (Earth)
4. मंगल (Mars)
5. बृहस्पति (Jupitor)

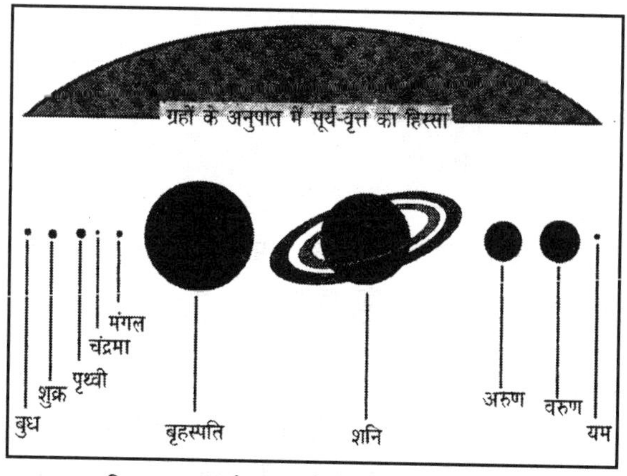

चित्र-36 : सूर्य तथा ग्रहों के तुलनात्मक आकार।

6. शनि (Saturn)
7. अरुण (Uranus)
8. वरुण (Neptune)
9. यम (Pluto)

सूर्य तथा ग्रहों के तुलनात्मक आकार को चित्र-36 में दरशाया गया है।

हमारे धार्मिक ग्रंथों में इन्हीं नौ ग्रहों की पूजा की जाती है। इन ग्रहों में बृहस्पति, शनि, अरुण तथा वरुण विराट् ग्रह (Giant Planets) हैं। शेष छोटे पाँच ग्रह हैं। ग्रह तारे की अपेक्षा कम द्रव्यमानवाले तथा अधिक शीतल होते हैं। वे तारों के प्रकाश को परावर्तित करके चमकते हैं, जबकि तारों का अपना प्रकाश होता है। यम (प्लूटो) सबसे छोटे व्यास का ग्रह है, जबकि बृहस्पति सबसे बड़े व्यासवाला है।

पृथ्वी, मंगल, बृहस्पति, शनि, अरुण तथा वरुण के अपने-अपने उपग्रह हैं, जो उन्हीं के चारों ओर घूमते हैं। इन्हें चंद्रमा भी कहते हैं। यम का भी एक उपग्रह बताया जाता है। बुध तथा शुक्र के कोई उपग्रह नहीं हैं। पृथ्वी का चक्कर लगानेवाले मानव निर्मित अंतरिक्ष यान कृत्रिम उपग्रह (Satellites) कहलाते हैं। ये उपग्रह भी उन्हीं प्राकृतिक नियमों का पालन करते हैं, जो खगोलीय पिंड करते हैं।

बुध, शुक्र, मंगल, बृहस्पति तथा शनि—ये पाँच ग्रह अत्यंत चमकीले हैं। ग्रहों के नाम पर सप्ताह के दिनों का नामकरण भी किया गया है, जो निम्नवत् हैं—

दिन	*अधिष्ठाता ग्रह*
रविवार	सूर्य
सोमवार	चंद्रमा
मंगलवार	मंगल
बुधवार	बुध
बृहस्पतिवार	बृहस्पति
शुक्रवार	शुक्र
शनिवार	शनि

बुध, शुक्र, पृथ्वी तथा मंगल अपने समान भौतिक तथा कक्षीय गुणों के कारण पार्थिव (Terrestrial) ग्रह कहलाते हैं।

क्षुद्र ग्रहों की संख्या

मंगल तथा बृहस्पति की कक्षाओं के मध्य तमाम टेढ़े-मेढ़े आकार के चट्टानी पिंड हैं, जो सूर्य की परिक्रमा करते हैं। जब कोई क्षुद्र ग्रह (Asteroid)

पृथ्वी के निकट आता है तो लोग दुर्घटना या टक्कर से आशंकित हो उठते हैं; परंतु आज तक ऐसी कोई दुर्घटना नहीं हुई है। ऐसा अनुमान है कि कुल क्षुद्र ग्रहों की संख्या 50 हजार होगी। ये बड़े ग्रहों के टूटने से बने होंगे। इनमें कुछेक के नाम हैं—सेरेस, वेस्ता एवं अपोलो।

उपग्रह क्या है?

'उपग्रह' शब्द का प्रादुर्भाव फ्रांसीसी भाषा से हुआ है, जिसका अर्थ है—गार्ड या सेवक।

वस्तुतः उपग्रह एक पिंड होता है, जो किसी विशाल पिंड के चारों ओर एक कक्षा में चक्कर लगाता है। सौर तंत्र के सभी पिंड (जिनमें पृथ्वी भी शामिल है) सूर्य के उपग्रह होते हैं अथवा वे उन पिंडों के उपग्रह होते हैं, जैसे चंद्रमा पृथ्वी का उपग्रह है। अर्थात् किसी ग्रह की परिक्रमा करनेवाले छोटे से पिंड को 'उपग्रह' कहते हैं। यह हर समय के लिए सुनिश्चित करना आसान नहीं है कि दो पिंडों में कौन उपग्रह है और कौन प्राइमरी पिंड। इसका कारण यह है कि प्रत्येक पिंड का अपना गुरुत्व होता है तथा उपग्रह के द्वारा प्राइमरी पिंड की गति भी बाधित होती है।

जैसा कि विदित ही है, चंद्रमा पृथ्वी का उपग्रह है, जो पृथ्वी की परिक्रमा करता है। इसी तरह वैज्ञानिकों ने भी अपने बुद्धि-बल एवं तकनीकी विकास के आधार पर अनेक कृत्रिम उपग्रहों का निर्माण किया है, जो ग्रहों, विशेषकर पृथ्वी, की परिक्रमा करते हैं। अंतरिक्ष में इन कृत्रिम उपग्रहों को विशाल रॉकेटों के माध्यम से पहुँचाया जाता है, जो अंतरिक्ष में निश्चित कक्षा में स्थापित होने के बाद पृथ्वी की परिक्रमा करने लगते हैं। इनका संचालन वैज्ञानिक पृथ्वी पर से ही करते हैं। इनके संचालन में मशीनों एवं यंत्रों का प्रयोग किया जाता है। इनको ऊर्जा प्रदान करने हेतु शक्तिशाली सौर बैटरियाँ लगाई जाती हैं, जो सौर ऊर्जा का संग्रहण करती रहती हैं। ऐसे कृत्रिम उपग्रह पृथ्वी का तब तक चक्कर लगाते रहते हैं, जब तक कि उनकी गति 28,000 कि.मी. प्रतिघंटा से अधिक रहती है। इससे कम गति होने पर ये कार्य करना बंद कर देते हैं—अर्थात् चक्कर लगाने की क्षमता समाप्त हो जाती है और ये पृथ्वी पर पुनः आ जाते हैं। सामान्यतया उपग्रह उस खगोलीय पिंड को कहते हैं, जो ग्रह के चारों ओर परिक्रमण करता है। परंतु आज 'उपग्रह' शब्द का उपयोग मानव निर्मित उन सभी कृत्रिम उपग्रहों के लिए किया जा रहा है, जो पृथ्वी का परिक्रमण करते हैं।

अंतरिक्ष में जिन पथों से उपग्रह भ्रमण करते हैं, उन्हें उपग्रह की कक्षा कहते हैं। चित्र-37 में उपग्रह और उसकी कक्षा के मूल घटकों को दरशाया गया है।

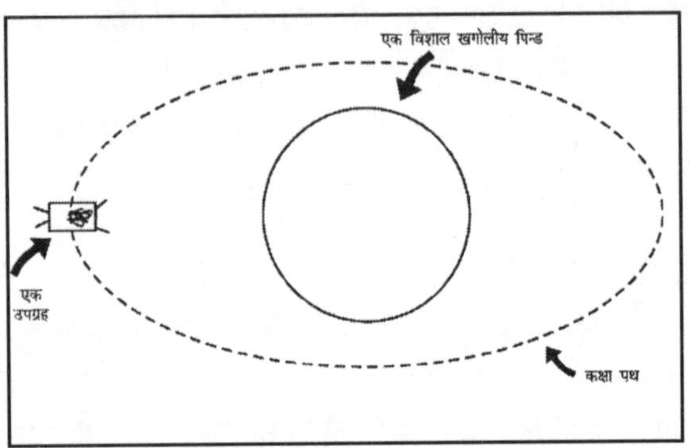

चित्र–37 : उपग्रह व उसकी कक्षा के मूल घटक।

केप्लर के तीसरे नियम के अनुसार किसी ग्रह का आवर्तकाल उस ग्रह की औसत दूरी के घन के समानुपाती होता है। आवर्तकाल का अर्थ है—वह समय, जो एक उपग्रह अपनी कक्षा का एक चक्कर लगाने में लेता है तथा औसत दूरी का अर्थ है—ग्रह के केंद्र से उपग्रह की औसत दूरी। यह प्रेक्षित किया गया है कि एक तरह के आकारवाली कक्षाओं में छोटी कक्षा के लिए उपग्रह की गति बड़ी कक्षा में उपग्रह की गति की तुलना में अधिक होती है तथा इसे चित्र–38 में दरशाया गया है।

उपग्रह की कक्षाएँ निम्न प्रकार की होती हैं—

1. निम्न भू-कक्षा
2. मध्यवर्ती कक्षा

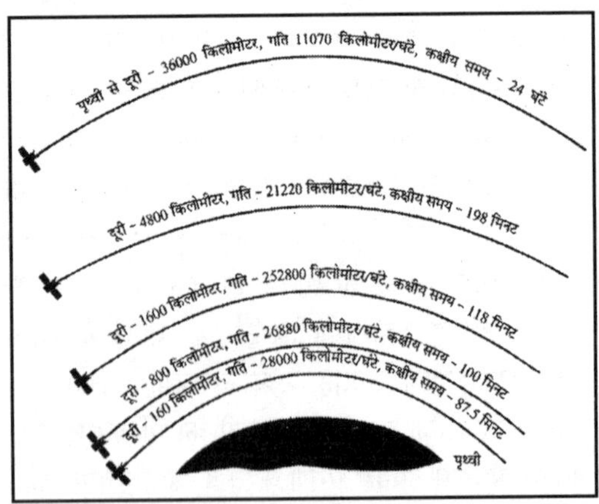

चित्र–38 : पृथ्वी से विभिन्न दूरियों पर कक्षीय गति।

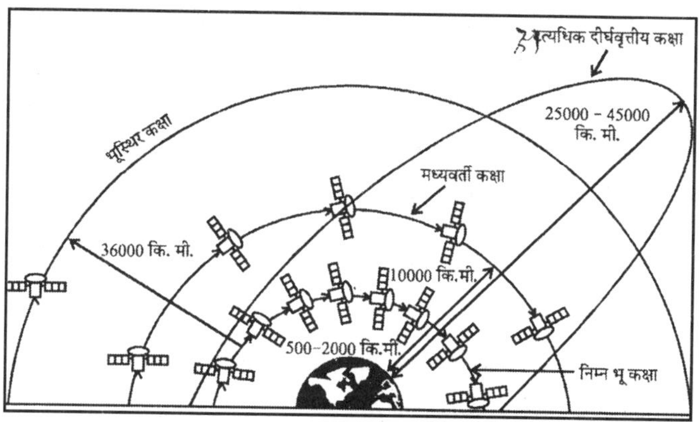

चित्र-39 : उपग्रहों की विभिन्न कक्षाएँ।

3. भू-स्थिर कक्षा
4. उच्च दीर्घवृत्तीय कक्षा
5. भू-तुल्यकाली कक्षा

उपग्रहों और उनकी विभिन्न कक्षाओं के झुकावों को चित्र-39 में प्रदर्शित किया गया है।

उपग्रह कैसे छोड़े जाते हैं?

अंतरिक्ष में सभी ग्रह और उपग्रह एक-दूसरे के आकर्षण बल के कारण ही अपनी-अपनी कक्षा में घूमते रहते हैं। कोई वस्तु जब अंतरिक्ष में छोड़ी जाती है तो पृथ्वी के गुरुत्वाकर्षण बल के कारण उसकी गति 32 कि.मी. प्रति सेकंड की दर से कम हो जाती है और वह गुरुत्व के खिंचाव से नीचे आ गिरती है। इसे उस वस्तु की पृथ्वी से ऊपर जाने की गति बढ़ाकर कम किया जा सकता है। यदि कोई वस्तु 11.25 कि.मी. प्रति सेकंड की गति से फेंकी जाए तो वह पृथ्वी के गुरुत्वाकर्षण प्रभाव से बाहर निकल जाती है। ऐसा नियम है कि पृथ्वी से 8.04 कि.मी. प्रति सेकंड की गति से फेंकी गई कोई वस्तु पृथ्वी से 235 कि.मी. ऊँची कक्षा में पृथ्वी के चक्कर लगाना शुरू कर देती है और पृथ्वी का उपग्रह बन जाती है।

पृथ्वी से अंतरिक्ष में पहुँचकर कोई भी वस्तु या उपग्रह गतिहीन अवस्था में नहीं रह पाता है वरन् वह पृथ्वी के चक्कर लगाने लगता है। जैसे-जैसे ऊँचाई बढ़ती जाती है, उसी के अनुसार उपग्रहों द्वारा पृथ्वी का एक चक्कर लगाने का समय बढ़ता जाता है और गति कम होती जाती है। अत: यदि कोई उपग्रह पृथ्वी से 36,000

कि.मी. की दूरी पर छोड़ा जाए तो वह 24 घंटे में पृथ्वी का एक चक्कर लगाएगा।

जैसा कि विदित ही है, पृथ्वी भी 24 घंटे में अपना एक चक्कर लगाती है। इसका तात्पर्य यह हुआ कि अंतरिक्ष में 36,000 कि.मी. की ऊँचाई पर जिस देश के ऊपर उपग्रह छोड़ा जाएगा, वह पृथ्वी की गति के समान ही चलने के कारण उसी देश के ऊपर समकालिक कक्षा में स्थिर रहेगा।

संचार और रेडियो, टी.वी., डाक-तार आदि के कार्य 24 घंटे चलते हैं। अत: इन कार्यों के लिए हर समय सीधा संपर्क बनाए रखने हेतु ऐसे ही उपग्रहों की आवश्यकता होती है।

वैसे तो उपग्रह के लिए अनेक बातें आवश्यक होती हैं, परंतु मोटे तौर पर तीन बातें प्रमुख होती हैं—

1. उपग्रह को अंतरिक्ष में वांछित ऊँचाई पर छोड़ने के लिए शक्तिशाली रॉकेट,
2. कार्य के अनुसार आवश्यक साज-सामान एवं उपकरणों आदि से सुसज्जित उपग्रह और
3. उपग्रह से इच्छित कार्य कराने के लिए वांछित अंतरिक्ष उपयोग केंद्र।

विश्व के विभिन्न देशों की उपग्रह प्रमोचन सुविधा को सारणी-1 में दरशाया गया है—

सारणी-1

विश्व के देशों की उपग्रह प्रमोचन सुविधा

देश	*प्रथम उपग्रह प्रमोचन वर्ष*	*प्रमोचित उपग्रह*
रूस (पूर्व सोवियत संघ)	1957	स्पुतनिक-1
अमेरिका	1958	एक्सप्लोरर-1
फ्रांस	1965	एस्टेरिक्स
जापान	1970	ओसूमी
चीन	1970	डांग फैंग हांग-आई
ब्रिटेन	1971	प्रोस्पेरो एक्स-3
भारत	1979	रोहिणी-1
इजराइल	1988	ओफेक-1

□

विश्व का पहला उपग्रह : स्पुतनिक-1

4 अक्तूबर, 1957 को 'स्पुतनिक' ने मानव निर्मित उपग्रह द्वारा अंतरिक्ष में प्रवेश किया और एक नवीन क्रांति, अंतरिक्ष क्रांति, की नींव डालकर विश्व के इतिहास को नई दिशा प्रदान की।

रूसी भाषा में 'स्पुतनिक' का अर्थ है 'सहयात्री' (कंपैनियन)। इसका पूरा नाम था 'आर्टिफिशियल अर्थ सैटेलाइट' तथा रूसी वैज्ञानिक साहित्य में इसका नाम था 'आई.एस.जेड.-1'। 'स्पुतनिक-1' (चित्र-40) का भार 83.6 कि.ग्रा. था तथा यह 58 सेंटीमीटर व्यास का एलुमिनियम का एक गोला था। इसमें चार एंटेना लगे हुए थे। इन एंटेनाओं की लंबाई 2.4-2.9 मीटर थी। यह एंटेना एक लंबे 'हिवस्करों' (गलमुच्छा) की भाँति प्रतीत होते थे, जो एक ओर केंद्रित थे। 'स्पुतनिक-1' के प्रमुख आँकड़े सारणी-2 में दिए गए हैं।

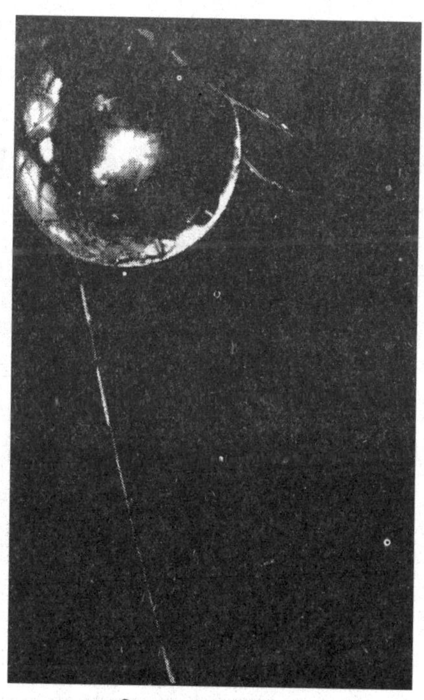

चित्र-40 : स्पुतनिक-1।

सारणी-2

स्पुतनिक के प्रमुख आँकड़े

संबंधित संस्था	*सोवियत संघ*
मिशन का प्रकार	भू-विज्ञान
प्रमोचन तिथि	4 अक्तूबर, 1957 को 19 बजकर 12 मिनट
अंत	4 जनवरी, 1958
मिशन अवधि	3 सप्ताह
भार	83.6 कि.ग्रा.
उपप्रमुख (सेमीमैजर अक्षरेखा)	6,955.2 कि.मी.
उत्केंद्रता	0.05201
उपग्रह पथ का कक्षीय झुकाव (पृथ्वी की भूमध्य रेखा पर)	65.1°
कक्षीय आवर्तकाल	96.2 मिनट
पृथ्वी से अधिकतम दूरी (ऐपजी)	939 कि.मी.
पृथ्वी से निम्नतम दूरी (पेरिजी)	215 कि.मी.
परिक्रमाएँ (पृथ्वी की)	1,400
प्रमोचन यान	आर-7/एस एस-6

'स्पुतनिक-1' उपग्रह में दो रेडियो ट्रांसमीटर (20 मेगाहट्र्ज और 40 मेगाहट्र्ज) पर थे तथा ऐसा विश्वास किया जाता है कि 'स्पुतनिक-1' ने 250 कि.मी. की ऊँचाई से पृथ्वी की परिक्रमा की। रेडियो 'बीपो' के विश्लेषणों से आयनमंडल में इलेक्ट्रॉन घनत्व का पता किया गया।

रेडियो 'बीपो' की अवधि में तापमान और दाब को कोडित किया गया, जिससे यह पता चलता था कि 'स्पुतनिक-1' को उल्काओं के द्वारा कोई नुकसान नहीं हुआ था। प्रमोचन स्थल बाइकानूर कॉस्मोड्रोम था, जो उरल सागर के समीप कजाकिस्तान के ट्यूराटम कस्बे में स्थित है। यह कस्बा कजाकिस्तान से 370 कि.मी. दूर है तथा उस समय यह तत्कालीन सोवियत संघ का हिस्सा था। 'स्पुतनिक-1' का प्रमोचन अंतरराष्ट्रीय भू-भौतिकी वर्ष (1957-58) के लिए एक महत्त्वपूर्ण योगदान था।

स्पुतनिक कार्यक्रम दो व्यक्तियों के संयुक्त योगदान के बिना सफल नहीं हो सकता था। ये दो व्यक्ति थे—सर्गेइ पावलोविच कोरोलेव (चित्र-41) तथा मिखेल

टिखोनरैवोव। इसके अतिरिक्त थिकोन रैवोव, केल्डिश तथा लैवरोव, कोरोलेव टीम के तीन प्रमुख सदस्य थे, जिन्होंने स्पुतनिक उपग्रहों की प्रारंभिक नियोजन में एक महत्त्वपूर्ण भूमिका निभाई थी।

चित्र-41 : सर्गेइ पावलोविच कोरोलेव।

'स्पुतनिक-1' अंतरिक्ष में 4 जनवरी, 1958 तक रहा तथा पृथ्वी की कक्षा में प्रवेश करते समय जल गया। 'स्पुतनिक-1' उपग्रह के बहुत से मॉडल रूस के अनेक संग्रहालयों और अमेरिका के स्मिथसोनियन नेशनल एयर एंड स्पेस संग्रहालय में रखे गए हैं।

इंटरनेशनल एस्ट्रॉनिटिकल फेडरेशन ने अक्तूबर 2004 में यह निर्णय लिया था कि 'स्पुतनिक-1' के प्रमोचन की पचासवीं वर्षगाँठ के अवसर पर 50 नैनो उपग्रह अंतरिक्ष में भेजे जाएँगे। ये 50 उपग्रह विश्व के उन देशों का प्रतिनिधित्व करेंगे जो अंतरिक्ष अनुसंधान के लिए इच्छुक तो हैं, परंतु जिनका अभी तक अंतरिक्ष कार्यक्रम हेतु अपना कोई बुनियादी ढाँचा नहीं बन पाया है। ये नैनो सैट उपग्रह अंतरिक्ष की कक्षा में दो वर्ष तक रहेंगे तथा प्रत्येक देश के द्वारा निर्धारित और चयनित परीक्षण संपन्न करेंगे।

चित्र-42 : स्पुतनिक-2।

अन्य स्पुतनिक मिशन

'स्पुतनिक-1' की सफलता के बाद सोवियत संघ ने स्पुतनिक उपग्रहों की एक श्रृंखला अंतरिक्ष में भेजी। 'स्पुतनिक-2'

चित्र-43 : स्पुतनिक-3।

पहला अंतरिक्ष मिशन था, जिसके द्वारा पहली बार एक जानवर लाइका नामक कुतिया अंतरिक्ष में भेजी गई तथा इसका प्रमोचन सोवियत संघ के बाइकानूर कॉस्मोड्रोम से किया गया। 'स्पुतनिक-2' (चित्र-42) के दाबयुक्त केबिन ने लाइका के लिए पर्याप्त स्थान प्रदान किया, जिससे वह खड़ी हो सकती थी अथवा बैठ सकती थी। 'स्पुतनिक-2' में लगे एअर-रेफ्रिजरेशन तंत्र ने उसे ऑक्सीजन, भोजन और पानी की आपूर्ति प्रदान की। इस मिशन के द्वारा पहली बार अंतरिक्ष में किसी भी जीवित प्राणी के व्यवहार के बारे में जानकारी प्राप्त हो सकी।

स्पुतनिक-3 का प्रमोचन 15 मई, 1958 को किया गया तथा इसका प्रमुख उद्देश्य आयनमंडल का अध्ययन करना था। मूलतः यह एक वैज्ञानिक प्रयोगशाला अंतरिक्ष यान था। यह भी शंकु के आकार का था तथा माप में यह 3.57 मीटर लंबा और 1.73 मीटर चौड़ा था। इसमें 12 वैज्ञानिक उपकरण लगे हुए थे, जिनके द्वारा ऊपरी वायुमंडल के दाब और संरचना के आँकड़े प्राप्त हुए। इससे ब्रह्मांड किरणों में फोटॉन का पता किया गया, ब्रह्मांड किरणों में ही विशालकाय नाभिकों का पता किया गया, ऊपरी वायुमंडल में चुंबकीय और विद्युत् स्थैतिकी क्षेत्रों (इलेक्ट्रोस्टेटिक फील्ड्स) का पता लगाया गया तथा उल्काओं की भी जानकारी प्राप्त की गई। बाह्य विकिरण के विषय में भी संसूचन किया गया; परंतु उपग्रह का टेप रिकॉर्डर नष्ट हो जाने के कारण 'वॉन एलेन रेडिएशन बेल्ट' का मानचित्रण नहीं किया जा सका।

'स्पुतनिक-4' की उड़ान मानव-सहित अंतरिक्ष उड़ान के लिए समुचित तकनीकी जानकारी की दिशा में एक नया कदम था। 15 मई, 1960 को इसका प्रमोचन किया गया तथा मार्ग-निर्देशन तंत्र में कुछ खराबी आ जाने के कारण कैप्स्यूल विपरीत दिशा में उत्केंद्रित हो गया और वायुमंडल में पहुँचने की बजाय यह उच्च

कक्षा में पहुँच गया। 5 सितंबर, 1962 को इसने पृथ्वी के वायुमंडल में पुनः प्रवेश किया। इसमें कुछ वैज्ञानिक उपकरण, एक टेलीविजन तंत्र तथा एक जीवविज्ञान केबिन लगाया गया था तथा एक 'डमी' (नकली) मानव भी भेजा गया।

'स्पुतनिक-4' का डिजाइन जीवन रक्षा तंत्र के प्रचालन के अध्ययन तथा अंतरिक्ष उड़ान के प्रतिबलों का अध्ययन करने के लिए भेजा गया था। इस उपग्रह ने टेलीमेट्री तथा पहले से रिकॉर्ड आवाज को पृथ्वी की ओर भेजा। 4 दिन की उड़ान के बाद रीएंट्री केबिन सर्विस मॉड्यूल से अलग हो गया; परंतु कुछ तकनीकी खराबी के कारण यह पृथ्वी के वायुमंडल में प्रवेश नहीं कर सका।

'स्पुतनिक-5' का प्रमोचन 19 अगस्त, 1960 को हुआ। यह मूल रूप से मानवयुक्त अंतरिक्ष उड़ान की दिशा में दूसरा प्रयास था, इसलिए इसे 'कोराब्ल-स्पुतनिक-2' भी कहते हैं। वस्तुतः कोराब्ल रूसी भाषा का शब्द है, जिसका अर्थ—है जहाज। यह पहला अंतरिक्ष अभियान था जिसके द्वारा जानवरों को अंतरिक्ष में भेजकर उन्हें पुनः वापस पृथ्वी पर लाया गया। इस उपग्रह के द्वारा सिग्नलों को पहली बार जर्मनी के बोन शहर में अभिग्रहीत किया गया। उपग्रह की तीसरी परिक्रमा के दौरान एक स्वीडिश रेडियो ने इसकी पुष्टि की। यह अंतरिक्ष यान कुछ जानवरों को लेकर अंतरिक्ष में गया तथा अगले दिन उन्हें वापस पृथ्वी पर ले आया। इसमें एक टेलीविजन कैमरा लगा था, जिसके द्वारा इन जानवरों के चित्र लिये गए।

इसके बाद 'स्पुतनिक-40' और 'स्पुतनिक-41' का भी प्रमोचन किया गया। 'स्पुतनिक-40' मूलरूप से 3 नवंबर, 1997 को मीर अंतरिक्ष स्टेशन से प्रमोचित एमेचर रेडियो उपग्रह 'ऐमसैट' का एक-तिहाई स्केल (मान) मॉडल (प्रतिरूप) था। 'स्पुतनिक-41' का प्रमोचन एक वर्ष पश्चात् 10 नवंबर, 1998 को किया गया। इसमें भी एमेचर ट्रांसमीटर लगा हुआ था।

उपग्रह का आकार

उपग्रहों का भार कम तथा ढाँचा मजबूत रखा जाता है। इस कारण सभी उपग्रह एलुमिनियम, टाइटेनियम और मैग्नीशियम की मिश्रित धातु से बनाए जाते हैं। ढाँचे को मजबूती से जोड़ने के लिए निष्क्रिय गैस आर्क वेल्डिंग उपयोग में लाई जाती है। उपग्रह का ढाँचा उसे अंतरिक्ष में ले जानेवाले रॉकेट यान के अनुसार चुना जाता है। अब तक अनेक आकार के उपग्रह छोड़े जा चुके हैं, जिनमें कोरियर, एपल, एक्सप्लोटर-10, ए.टी.एस-6, इंटल सैट-5, निंबस, पायनियर-5, स्पुतनिक-3, एलूएट, रिले, टेलीस्टार, एंता-1 बी और इनसैट शृंखला प्रमुख हैं।

उपग्रहों के हर प्राचल एवं क्रियाओं पर निगरानी रखी जाती है, यथा—दाब, तापमान, अंतरिक्ष में निर्धारित जगह पर है या नहीं, उपग्रह नियंत्रण उपतंत्र, जो कक्षा में उसकी ऊँचाई दरशाता है तथा एंटेना और सौर पैनल आदि को खोलने का कार्य करता है, ठीक है या नहीं— इन सबका पूरा-पूरा ध्यान रखा जाता है। चित्रों के लिए कैमरे तथा रेडियो, टी.वी एवं अन्य संचार सुविधाओं के लिए उपकरणों की पूरी जाँच की जाती है। ये सब कार्य पृथ्वी पर बैठे-बैठे उपग्रह नियंत्रण कक्ष से ही संपन्न किए जाते हैं तथा उसमें कुछ खराबी होने पर उन्हें यथासंभव ठीक भी कर लिया जाता है। सबकुछ ठीक होने पर पृथ्वी से आदेश भेजकर उपग्रह से निर्धारित कार्य कराए जाते हैं।

रॉकेटों के पृथ्वी से उठने के साथ-साथ ईंधन और गुरुत्वाकर्षण दोनों ही कम होते जाते हैं। अत: वे जैसे-जैसे उठते जाते हैं, शाक्ति की आवश्यकता कम होती जाती है। समकालिक कक्षा में उपग्रहों को पहुँचाने के लिए शक्तिशाली रॉकेटों में डेल्टा, एटलस, सेंटोर, टिटार-3 तथा अमेरिकी स्पेस शटल प्रमुख हैं। रूस का प्रोटान, यूरोपीय अंतरिक्ष एजेंसी का एरियन तथा जापान का एन-2 रॉकेट भी महत्त्वपूर्ण हैं।

लघु उपग्रह

अंतरिक्ष अन्वेषण के लिए सस्ती तकनीकी का लाभ उठाने की दृष्टि से विश्व के अनेक देश अनेक लघु उपग्रहों के अंतरिक्ष में प्रमोचन की योजनाएँ बना रहे हैं, जो अंतरिक्ष से झुंडों में हमारी पृथ्वी और प्रकृति के अनेक गोपनीय तथ्यों और रहस्यों को उजागर करेंगे। वैज्ञानिकों का अनुमान है कि इस प्रकार के उपग्रहों का प्रमोचन एक ऐसे भविष्य का रास्ता खोलेगा, जिसमें प्रत्येक देश के पास अपनी स्मार्ट और लघु उपग्रहों की एक फ्लीट होगी।

वैज्ञानिक छोटे-से-छोटे माइक्रो उपग्रहों को प्रमोचित करने की योजनाएँ बना रहे हैं, जिनमें कुछ का भार 20 कि.ग्रा. से भी कम है तथा जो अंतरिक्ष में 4 से अनेक दर्जनों के क्लस्टरों में अंतरिक्ष में घूमेंगे। ये लघु उपग्रह एक साथ कार्य करते हुए पृथ्वी और समुद्रों का सर्वेक्षण करेंगे तथा मौसम-विज्ञानी अनुसंधानों के साथ-साथ सौर तंत्र में भी झाँकने का प्रयास करेंगे, जिससे सौर तंत्र के विषय में भी जानकारी प्राप्त की जा सके।

वस्तुत: 500 कि.ग्रा. से कम भार के उपग्रह को लघु उपग्रह कहते हैं। लघु आकार के उपग्रहों के वर्गीकरण में मूल रूप से उनके भारों का ध्यान रखा गया है,

जो निम्नवत् हैं—

1.	विशाल उपग्रह	भार 1,000 कि.ग्रा. से अधिक
2.	मध्यम आकार के उपग्रह	भार 500 से 1000 कि.ग्रा.
3.	मिनी उपग्रह	भार 100 से 500 कि.ग्रा.
4.	माइक्रो उपग्रह	भार 1 से 100 कि.ग्रा.
5.	नैनो उपग्रह	भार 1 से 10 कि.ग्रा.
6.	पीको उपग्रह	भार 0.1 से 1 कि.ग्रा.
7.	फेम्टो उपग्रह	भार 100 ग्राम से कम

उपर्युक्त वर्गीकरण के अंतर्गत 'लघु उपग्रह' शब्दावली में 500 कि.ग्रा. से कम भारवाले (कक्षीय भार) उपग्रह आते हैं। सारणी-3 में प्रमोचित हो चुके कुछ लघु उपग्रहों का वर्णन किया गया है—

सारणी-3

प्रमोचित हो चुके लघु उपग्रह

	मिशन	*वर्ष*	*प्रमोचित*	*प्लेटफॉर्म*	*कार्यक्रम उद्देश्य*
1.	आइसैट-1	2002	कास्मोस	माइक्रोसैट-100	ज्ञान स्थानांतरण
2.	पीको सैट	2001	एथेना	माइक्रोसैट-70	टर्न की
3.	स्नैप	2001	कास्मोस	माइक्रोसैट-70	ज्ञान स्थानांतरण
4.	सिंगुआ-1	2000	कास्मोस	स्नैप नैनोसैट	अनुसंधान
5.	टिउंगसैट-1	2000	डेनपर	माइक्रोसैट-70	ज्ञान स्थानांतरण
6.	पुओसैट-12	1999	डेनपर	मिनीसैट-400	अनुसंधान
7.	क्लीमेंटाइन	1999	एरियन	माइक्रोसैट-70	टर्न की
8.	फसैट-बी	1998	जेनिट	माइक्रोसैट-70	ज्ञान स्थानांतरण
9.	थाई-पैट	1998	जेनिट	माइक्रोसैट-70	ज्ञान स्थानांतरण
10.	सेरिस	1995	एरियन	माइक्रोसैट-70	टर्न की
11.	फ्रासैट-ए	1995	साइक्लोन	माइक्रोसैट-70	ज्ञान स्थानांतरण
12.	हेल्थसैट-2	1993	एरियन	माइक्रोसैट-70	टर्न की
13.	पो सैट-1	1993	एरियन	माइक्रोसैट-70	ज्ञान स्थानांतरण
14.	किटसैट-1	1992	एरियन	माइक्रोसैट-70	ज्ञान स्थानांतरण
15.	एस 801 टी	1992	एरियन	माइक्रोसैट-70	टर्न की
16.	यूओसैट-5	1992	एरियन	माइक्रोसैट-70	अनुसंधान

17.	यूओसैट-3	1990	एरियन	माइक्रोसैट-70	अनुसंधान
18.	यूओसैट-4	1990	एरियन	माइक्रोसैट-70	अनुसंधान
19.	यूओसैट-2	1984	डेल्टा	माइक्रोसैट	अनुसंधान
20.	यूओसैट-1	1981	डेल्टा	माइक्रोसैट	अनुसंधान

□

नैनो, पीको एवं फेम्टो उपग्रह

वर्तमान समय में कुछ 10 कि.ग्रा. से कम भारवाले नैनो और पीको उपग्रहों का प्रमोचन हो चुका है तथा इनके निर्माण में उच्चतम माइक्रोसैट तकनीकी का उपयोग हो रहा है। सन् 1990 के प्रारंभ में कुछ माइक्रो उपग्रहों का प्रमोचन हुआ, जिनके भार 11 से 14 कि.ग्रा. के बीच सीमित थे तथा इनमें ऐमसैट एक मुख्य उपग्रह था। नैनो, पीको और फेम्टो उपग्रह आकार में एक घन (क्यूबिकल) के समान होते हैं तथा प्रत्येक भुजा की परिमाप 150 मि.मी. से भी कम होती है। उपलब्ध आँकड़ों के आधार पर विदित होता है कि प्रमोचन किए जा चुके नैनो और पीको उपग्रहों की संख्या हाल ही में बढ़ी है। वर्ष 2000 में प्रमोचित इन उपग्रहों को आधुनिक नैनो उपग्रह के नाम से संबोधित किया जा सकता है।

नैनो उपग्रह अनेक शैक्षणिक संस्थानों के लिए बहुत आकर्षक लगते हैं, क्योंकि इनके द्वारा वे अंतरिक्ष के समीप अपने को समझने लगते हैं। इसके साथ-साथ उपलब्ध तकनीक के कारण आर्थिक दृष्टि से तथा संभावना की दृष्टि से ये उपग्रह आसान पड़ते हैं।

माइक्रो उपग्रह एमडैश-1, जिसका प्रमोचन 4 फरवरी, 2002 को हुआ था, को चित्र-44 में दरशाया गया है।

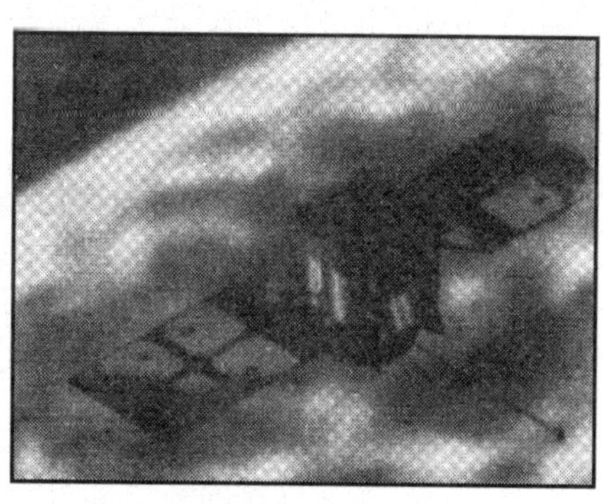

चित्र-44 : माइक्रो उपग्रह एडमैश-1

आज के युग में माइक्रो और नैनो तकनीक के द्वारा उपग्रह के

संपूर्ण तंत्रों को एक अकेली चिप के ऊपर निर्मित किया जा सकता है। इसमें और भी अल्प लघु आकार के उपग्रह—फेम्टो उपग्रह हैं, जिनका भार 0.1 कि.ग्रा. से भी कम है तथा जिनका उपयोग सुदूर इंस्पेक्शन डिस्ट्रीब्यूटेड मापन और उपयोग के बाद फेंक दिए जानेवाले संसूचकों के क्षेत्र में किया जाता है। चित्र–45 में पीको उपग्रह मेप्सी–3, जिसका भार कुल 2 कि.ग्रा. था, को दरशाया गया है।

इसका प्रमोचन 2 दिसंबर, 2002 को हुआ था। मिनी उपग्रह 'सोर्स', जिसका प्रमोचन 25 मार्च, 2003 को हुआ था, को चित्र–46 में दिखाया गया है।

चित्र–45 : पीको उपग्रह मेप्सी।

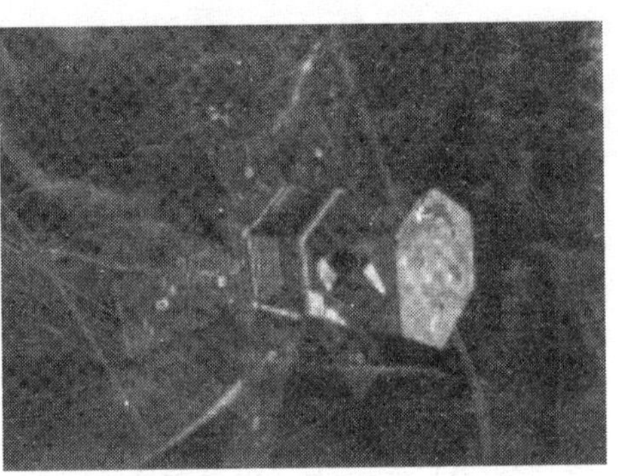

चित्र–46 : मिनी उपग्रह सोर्स।

माइक्रो उपग्रह

माइक्रो उपग्रह 10 से 100 कि.ग्रा. श्रेणी में आते हैं। वर्तमान समय में माइक्रो उपग्रहों के प्रति एक नवीन आकर्षण उत्पन्न हुआ है तथा यह आकर्षण विज्ञान तथा व्यावसायिक क्षेत्र में है। सारणी–4 में माइक्रो उपग्रहों के क्षेत्र के कुछ प्रमुख तथ्यों को दरशाया गया है।

वस्तुत: अब तक अनेक माइक्रो उपग्रहों का प्रमोचन हो चुका है। सन् 1957–69 के दौरान 58 तथा 1970–80 के दौरान 43 उपग्रहों का प्रमोचन हुआ। सन् 1983 से 1999 तक 248 माइक्रो उपग्रहों का प्रमोचन हुआ। वर्ष 2001 में 12 तथा 2002 में 11 माइक्रो उपग्रहों का प्रमोचन हुआ। इसका भार 62 कि.ग्रा. था और यह 14 जनवरी, 2003 को प्रमोचित किया गया।

सारणी-4

माइक्रो उपग्रहों का प्रथम प्रमोचन

	विवरण	*उपग्रह*	*दिनांक*
1.	प्रथम माइक्रो उपग्रह प्रमोचन	स्पुतनिक	4.10.57
2.	सोलर एरे और पुनः चार्जेबल (आवेश योग्य)	वेनगार्ड-1	17.3.58
3.	प्रथम व्यावसायिक माइक्रो उपग्रह बैटरी के साथ प्रथम माइक्रो उपग्रह	टेलीस्टार-1	10.7.62
4.	भू-स्थिर कक्षा में स्थापित प्रथम माइक्रो उपग्रह	सिंकम-1	14.2.63
5.	व्यावसायिक सेवा में प्रयुक्त प्रामि माइक्रो उपग्रह	अर्लीबर्ड,	6.4.65
6.	पृथ्वी की कक्षा से बाहर प्रचालित माइक्रो उपग्रह	पायनियर-6	10.10.65
7.	चंद्र कक्षा से प्रचालित प्रथम माइक्रो उपग्रह	वी एंड एफ-1	4.08.71
8.	माइक्रो प्रोसेसर-युक्त प्रथम माइक्रो उपग्रह	यू ओ सैट-1	6.10.81
9.	स्टेशन कीपिंग नियंत्रणवाला प्रथम माइक्रो उपग्रह	दर्पा माइक्रो सैट्स	16.7.91
10.	कक्षीय स्थिति पता कर लेने वालाप्रथम माइक्रो उपग्रह		पोसैट
11.	तीन अक्षीय भार संतुलित प्रथम माइक्रो उपग्रह		
12.	अपने नोदक तंत्र से पृथ्वी की कक्षा छोड़नेवाला पहला माइक्रो उपग्रह		

वर्ष 2003 में एक्स.एस.एस.-10 दूसरा प्रमोचित माइक्रो उपग्रह था। इसका प्रमोचन 29 जनवरी, 2003 को हुआ था तथा इसकी कक्षा 517 कि.मी. × 804 कि.ग्रा. की थी। इसका भार 50 कि.ग्रा. के लगभग था। भविष्य में लगभग 27 माइक्रो उपग्रहों पर कार्य चल रहा है। अनेक देशों की सरकारों ने माइक्रो उपग्रह कार्यक्रमों की आधारशिला अपने-अपने देशों में स्थापित कर दी है, जैसे—डेनमार्क, फ्रांस, जर्मनी, इटली, ब्रिटेन इत्यादि।

कुछ प्रमोचित उपग्रह

अब तक अनेक नैनो, पीको और फेम्टो उपग्रहों का प्रमोचन किया जा चुका है। इस श्रेणी में प्रमोचित एक उपग्रह मेप्सी-3 है। यह मूल रूप से टीथर से जुड़े हुए दो पीको उपग्रहों का जोड़ा है, जिसका डिजाइन क्यूबसैट संरूपण तकनीक पर आधारित है। इसे स्पेस शटल की उड़ान एस.टी.एस.-113 के द्वारा प्रमोचित किया गया। यह प्रमोचन 2 दिसंबर, 2002 को हुआ। इसी प्रकार दर्पा पीकोसैट 7 एवं 8 भी टीथर्ड पीको उपग्रह थे तथा प्रत्येक उपग्रह का भार 0.25 कि.ग्रा. था। मेप्सी-3 पीको उपग्रहों में प्रत्येक का भार 1 कि.ग्रा. था। अन्य प्रमोचित हो चुके उपग्रहों के

नाम हैं—रफलेक्टर, स्पुतनिक-41, ट्यूबसैट-एन, ओडेरैक्स, आर.एस.-19 इत्यादि।

मिनी उपग्रह

जैसा कि वर्णित किया जा चुका है, 100 कि.ग्रा. से 500 कि.ग्रा. भारवाले उपग्रहों को मिनी उपग्रह कहते हैं। अब तक अनेक मिनी उपग्रहों का भी प्रमोचन किया जा चुका है। सन् 1960 से 70 के दशकों में 32 पारंपरिक मिनी उपग्रहों का प्रमोचन किया गया जिनमें प्रमुख नाम थे—ए.टी.एस.-1, 2, 3, 4, 5 उपग्रह, टाइरस-1, 2, 3, 4, 5, 6, 7, 8 उपग्रह, निंबस-1 उपग्रह इत्यादि। सन् 1970-80 के दशकों में लगभग 53 उपग्रह प्रमोचित किए गए तथा इनमें प्रमुख नाम हैं—भारत का भास्कर-1 उपग्रह (442 कि.ग्रा.), इटली का अनिक-बी उपग्रह (474 कि.ग्रा.), इटली का सीरियो-1 उपग्रह (398 कि.ग्रा.) इत्यादि। वर्ष 1980-86 के दौरान 23 मिनी उपग्रह प्रमोचित हुए तथा वर्ष 1987 से वर्ष 2002 तक लगभग 118 मिनी उपग्रह प्रमोचित किए गए। सन् 2003 में एक ही मिनी उपग्रह अंतरिक्ष में भेजा गया। इसका नाम 'सोर्स' था, जिसे 25 जनवरी, 2003 को अंतरिक्ष में प्रमोचित किया गया। वस्तुत: सोर्स सोलर रेडिएशन एंड क्लाइमेट एक्सपेरीमेंट का लघुक्षर है और यह उपग्रह सौर तीव्रता का शुद्धता से संपूर्ण मापन करेगा। इस उपग्रह का भार 315 कि.ग्रा. है तथा इसकी कक्षा 645 कि.मी. की दूरी पर भूमध्य रेखा पर 40 डिग्री झुकाववाली है। इसे ऑरबिटल साइंस कॉरपोरेशन के पीगासस प्रमोचक से अंतरिक्ष में स्थापित किया गया।

□

माइक्रो उपग्रह कितने उपादेय

वस्तुतः प्रारंभिक माइक्रो उपग्रहों में सीमित क्षमता थी, परंतु वर्तमान में माइक्रो उपग्रह अनेक क्षेत्रों में उपादेय हो सकते हैं, जिनका विवरण निम्नवत् है—

संचार

माइक्रो उपग्रह विश्व स्तर पर प्रारंभिक इंटरनेट तकनीक के आधार पर बिना वास्तविक समय (नानरियल) के डिजिटल डाटा संचयन और पुनः भेजने की ई-मेल कनेक्टिविटी प्रदान कर सकते हैं। यह सुविधा उन क्षेत्रों के लिए अत्यधिक उपयोगी हो सकती है, जहाँ पर समुचित दूरसंचार सेवाएँ उपलब्ध नहीं हैं।

अंतरिक्ष विज्ञान

माइक्रो उपग्रह लघु पैमाने पर विज्ञान के विभिन्न उद्‌देश्यों की पूर्ति सस्ते और अच्छे तरीके से द्रुतगामी रूप में प्रदान कर सकते हैं। इन वैज्ञानिक उद्‌देश्यों में अंतरिक्ष पर्यावरण का विकिरण मापन, अंतरराष्ट्रीय भू-चुंबकीय रेफरेंस फील्ड जैसे कार्य आते हैं। ये माइक्रो उपग्रह केवल शीघ्र और प्रारंभिक वैज्ञानिक डाटा ही नहीं प्रदान कर सकते वरन् ये युवा वैज्ञानिकों और इंजीनियरों को उपग्रहों और नीतभार (पैलोड) के विषय में वास्तविक अनुभव प्रदान कर सकते हैं, जिसके आधार पर वे कोई वैज्ञानिक प्रस्ताव तथा एक उपकरण बना सकते हैं।

भू-प्रेक्षण

उपग्रहों से पृथ्वी के प्रेक्षण के कार्य ने माइक्रो उपग्रहों के कारण क्रांतिकारी उपलब्धि अर्जित की है। पारंपरिक भू-प्रेक्षण के कार्य तथा सुदूर संवेदन मिशन

बहुत महँगे हैं। इन महँगे खर्चों के कारण इस प्रकार के मिशनों की संख्या बहुत कम होती है। आज कमर्शियल उच्च घनत्व द्वि-परिमापी (टू-डाइमेंशनल) चार्ज कपुल्ड डिवाइस प्रकाशिकी संसूचकों (जिनका उपयोग कंज्यूमर वीडियो और डिजिटल कैमरों में किया जाता है) की उपलब्धता तथा माइक्रोप्रोसेसर चिपों की उपलब्धता ने सस्ते खर्चवाले लघु उपग्रहों के प्रयोग से सुदूर संवेदन प्रक्रिया में एक नया आयाम जोड़ा है। इन चिपों और प्रकाशिकी संसूचकों की एक विशेष बात यह है कि यद्यपि उनकी विद्युत् आपूर्ति की आवश्यकता अत्यधिक अल्प होती है, परंतु इनकी कंप्यूटिंग पॉवर बहुत अधिक होती है। वास्तव में माइक्रो उपग्रह यू.ओ. सैट-1 और यू.ओ. सैट-2 दोनों में ही द्वि परिमापी सी.सी.डी. (चार्ज कपुल्ड डिवाइस) पृथ्वी प्रतिबिंबन कैमरे लगाए गए थे तथा इनमें प्राप्त परिणामों ने यू.ओ. सैट-5 में प्रथम ऑपरेशन कैमरा लगाने की दिशा में मार्गदर्शन प्रदान किया।

तकनीकी परीक्षण

माइक्रो उपग्रह एक आकर्षक और कम कीमतवाला प्रदर्शन प्रस्तुत कर सकते हैं, जो कि एक वास्तविक अंतरिक्ष मिशन के लिए आवश्यक होता है। एक उपग्रह का जीवनकाल सोलर सेल एरे के निष्पादन पर निर्भर करता है, जिसके द्वारा हाउसकीपिंग तंत्रों और नीतभारों को सात से पंद्रह वर्षों के लिए कार्यान्वित रखने के लिए प्राथमिक पावर का जनन सम्मिलित होता है। यह तथ्य प्रायोगिक स्तर पर जाँच के दौरान एक उपग्रह के प्रयोग के द्वारा संपन्न कराया जा सकता है। इसके लिए विभिन्न सौर सेलों का अंतरिक्ष के विकिरण पर्यावरण में अध्ययन बहुत आवश्यक है। इस प्रकार के अध्ययनों में माइक्रो उपग्रह बहुत उपयोगी सिद्ध हो सकते हैं। यू.ओ. सैट-5 एक ऐसा ही माइक्रो उपग्रह है, जिसमें गैलियम आर्सेनाइड, सिलिकन तथा कुछ अन्य सौर सेलों के कुल 27 सैंपल इन्हीं अध्ययनों के लिए अनेक उत्पादनकर्ताओं द्वारा भेजे गए हैं।

□

लघु उपग्रहों का प्रमोचन

उपग्रहों की कक्षा में प्रमोचन तथा इनकी विशाल कीमतें लघु उपग्रहों के कक्षा-स्थापन में बड़ी बाधाएँ हैं। लघु उपग्रह सामान्यतः एक बड़े नीतभार के साथ एक गौण यात्री अथवा 'पिग्गीबैक' नीतभार के रूप में भेजे जाते हैं। विगत कुछ वर्षों और वर्तमान में जैसे-जैसे लघु उपग्रह बहुत विख्यात और महत्त्वपूर्ण होते जा रहे हैं वैसे-वैसे अनेक लघु आकार के प्रमोचन यान विकसित किए जा रहे हैं। ये प्रमोचन यान मूलरूप से मिनी उपग्रह श्रेणी (100 से 500 कि.ग्रा.) या मध्यम आकार (500 से 1000 कि.ग्रा.) श्रेणी के लिए विकसित किए जाते हैं। प्रायः यह प्रेक्षित किया गया है कि माइक्रो उपग्रहों (10 से 100 कि.ग्रा.) को विशाल प्रमोचन यानों के द्वारा अंतरिक्ष में भेजना श्रेयस्कर होता है, जहाँ पर मुख्य नीतभार के लिए प्रमोचन यान से अनुबंध किया जाता है तथा मुख्य प्रमोचन नीतभार के अतिरिक्त स्पेयर प्रमोचन क्षमता को माइक्रो उपग्रहों को पिग्गीबैक नीतभार के रूप में प्रयोग कर लिया जाता है।

अब तक अनेक लघु उपग्रह पिग्गीबैक फैशन में विशाल प्राथमिक (प्राइमरी) नीतभारों के साथ प्रमोचित किए जा चुके हैं। सारणी-5 में विभिन्न देशों के द्वारा अंतरिक्ष में गुजारे गए कुल समय के बारे में जानकारी प्रदान की गई है।

सारणी-5

विभिन्न देशों के द्वारा अंतरिक्ष में गुजारा गया कुल समय

(29 अप्रैल, 2005 तक)

क्र.	*देश*	*मानव उड़ानें*	*उड़ानों की अवधि* *दि.*	*घं.*	*मि.*	*विश्व अवधि का प्रतिशत*
1.	अफगानिस्तान	1	8	20	27	0.03

2. ऑस्ट्रिया	1	7	22	13	0.03
3. बेल्जियम	2	19	19	4	0.07
4. बुल्गारिया	2	11	9	11	0.04
5. कनाडा	11	121	13	41	0.44
6. चीन	1	0	21	23	0.00
7. क्यूबा	1	7	20	44	0.03
8. चेकोस्लोवाकिया	1	7	22	16	0.03
9. फ्रांस	16	383	23	45	1.38
10. जी.डी.आर.	1	7	20	50	0.03
11. जर्मनी	11	301	20	27	1.08
12. हंगरी	1	7	20	46	0.03
13. भारत	1	7	21	41	0.03
14. इजराइल	1	15	22	21	0.06
15. इटली	6	71	2	58	0.25
16. जापान	8	88	6	8	0.32
17. कजाकिस्तान	3	341	9	49	1.22
18. मेक्सिको	1	6	21	7	0.02
19. मंगोलिया	1	7	20	43	0.03
20. नीदरलैंड	2	17	21	38	0.06
21. पोलैंड	1	7	22	3	0.03
22. रोमानिया	1	7	20	42	0.03
23. रूस/यू.एस.एस.आर.	205	16,706	12	13	59.83
24. सऊदी अरब	1	7	1	40	0.03
25. स्लोवाकिया	1	7	21	57	0.03
26. दक्षिण अफ्रीका	1	9	21	26	0.04
27. स्पेन	2	18	18	48	0.07
28. स्विट्जरलैंड	4	42	12	9	0.15
29. सीरिया	1	7	23	5	0.03
30. अमेरिका	672	9,631	1	37	34.49
31. यूक्रेन	1	15	16	36	0.06
32. ब्रिटेन	1	7	21	14	0.03
33. वियतनाम	1	7	20	42	0.03
योग	964	27,924	09	09	1,00.03

अंतरिक्ष के प्रथम, विभिन्न देशों के अंतरिक्ष यानों द्वारा की गई कुल उड़ानें (29 अप्रैल, 2005 तक) तथा विश्व के प्रथम 20 अंतरिक्ष यात्री (29 अप्रैल, 2005 तक) विषयक सम्यक् जानकारी क्रमशः सारणी 6, 7 एवं 8 में प्रदान की गई है।

सारणी-6

अंतरिक्ष के प्रथम

प्रथम	*अंतरिक्ष यान/ व्यक्ति/व्यक्तिगत*	*तिथि*
1. कृत्रिम उपग्रह	स्पुतनिक-1	4.10.57
2. अंतरिक्ष में जीवित प्राणी	लाइका कुतिया	3.11.57
3. अमेरिकी उपग्रह	एक्सप्लोरर-1	1.2.58
4. अंतरिक्ष से रिकॉर्डेड संदेश	स्कोर	18.12.58
5. पलायन गति पहुँचानेवाली प्रोब	ल्यूना-1	2.1.59
6. ध्रुवीय कक्षा उपग्रह	डिस्कवरर-1	28.2.59
7. ल्युनर इंपैक्ट	ल्यूना-2	12.9.59
8. मौसम-विज्ञानी उपग्रह	एक्सप्लोरर-7	13.10.59
9. सक्रिय उपग्रह (संचार)	कोरियर-1 बी	4.10.60
10. अंतरिक्ष में मानव	यूरी गगारिन	12.4.61
11. उपग्रह टेलीफोन कॉल+टी.वी.प्रेषण	इको-1	24.2.62
12. वास्तविक समय सक्रिय संचार उपग्रह	टेलीस्टार-1	10.7.62
13. सफल ग्रह फ्लाईबाई	मैरिनर-2	27.8.62
14. अंतरिक्ष में महिला	वैलेंटीना तेरेस्कोवा	16.6.63
15. भू-तुल्यकाली उपग्रह	सिंकम-2	26.7.63
16. संयुक्त रूसी/अमेरिकी स्पेस प्रोजेक्ट	इको-2	25.1.64
17. भू-स्थिर उपग्रह	सिंकम-3	19.8.64
18. व्यावसायिक संचार उपग्रह	अर्लीबर्ड/इंटलसैट-1	6.4.65
19. पृथ्वी कक्षा से जानेवाली मानव-युक्त उड़ान	अपोलो-8	21.12.68
20. चंद्रमा पर मानव	नील आर्मस्ट्रांग	20.7.69
21. अंतरिक्ष कक्षा में उपग्रह रिपेयर	सोल मैक्स उपग्रह	6.4.84
22. अंतरिक्ष कक्षा से वापस लाया गया उपग्रह	शटल मिशन एस.टी.एस.-19	16.11.84
23. आयन पावरित स्पेस प्रोब	डीप स्पेस-1	24.10.98

सारणी-7

विभिन्न देशों के अंतरिक्ष यानों द्वारा की गई कुल मानव उड़ानें (29.4.05 तक)

रूसी

	अंतरिक्ष यान	*उड़ानों की संख्या*	*मानव उड़ानें*	*मानव उड़ानों की कुल अवधि*		
				दि.	*घं.*	*मि.*
1.	वोस्टोक	6	6	15	22	22
2.	वोस्खोड	2	5	5	4	56
3.	सोयुज	38	77	1,917	22	16
4.	सोयुज-टी	14	36	2,409	20	16
	सोयुज-टी. एम.	33	90	11,413	00	38
	सोयुज-टी.एम.ए.	6	17	1,621	21	7
	योग	99	231	17,383	19	33
	अमेरिकी					
1.	मर्करी	6	6	2	5	56
2.	जेमिनी	10	20	80	19	42
3.	अपोलो	15	45	854	14	12
4.	कोलंबिया	28	160	1,851	5	5
5.	चैलेंजर	9	53	374	2	52
6.	डिस्कवरी	30	178	2,288	18	35
7.	अटलांटिस	26	154	2,132	17	1
8.	एंड्यौर	19	120	2,955	6	8
	स्पेस शटल योग	112	665	9,602	1	39
	योग	143	736	10,539	17	27
	चीनी					
1.	शेंजू	1	1	0	21	23
	योग	1	1	0	21	23

सारणी-8

विश्व के प्रथम 20 अंतरिक्ष यात्री (29.4.05 तक)

अंतरिक्ष यात्री का नाम	*प्रयुक्त अंतरिक्ष यान*	*संबंधित देश*
1. यूरी गागरिन	वोस्टोक-1	सोवियत संघ
2. घर्मन टिटोपव	वोस्टोक-2	सोवियत संघ
3. जॉन ग्लेन	फ्रेंडशिप	अमेरिका
4. मैल्कम कारपेंटर	अरोरा	अमेरिका
5. एंड्रियान निकोलेव	वोस्टोक-3	सोवियत संघ
6. पॉवेल पोपोविच	वोस्टोक-4	सोवियत संघ
7. वाल्टर स्चिरा	सिग्मा-7	अमेरिका
8. गार्डन कूपर	फेथ-7	अमेरिका
9. वैलेरी बाइको वस्की	वोस्टोक-5	सोवियत संघ
10. वैलेंतीना तेरेस्कोवा	वोस्टोक-6	सोवियत संघ
11. ब्लादिमीर कोमारोव	वोस्खोड-1	सोवियत संघ
12. कोंस्टैंटिन फ्योवहीस्टोव	वोस्खोड-1	सोवियत संघ
13. बोरिस येगोरोव	वोस्खोड-1	सोवियत संघ
14. पॉवेल बेलेव	वोस्खोड-2	सोवियत संघ
15. एलेक्सी ल्योनोव	वोस्खोड-2	सोवियत संघ
16. गस ग्रिसम	जेमिनी-3	अमेरिका
17. जॉन यंग	जेमिनी-3	अमेरिका
18. जेम्स मैकडिविट	जेमिनी-4	अमेरिका
19. एडवर्ड व्हाइट	जेमिनी-4	अमेरिका
20. चार्ल्स कोनरैड	जेमिनी-5	अमेरिका

अंतरिक्ष में सबसे लंबा कुल प्रवास बितानेवाले विश्व के प्रमुख 10 व्यक्तियों के बारे में जानकारी सारणी-9 में दी गई है—

सारणी-9

अंतरिक्ष में सबसे लंबा प्रवास बितानेवाले विश्व के प्रमुख व्यक्ति
(6 जनवरी, 2006 तक)

अंतरिक्ष यात्री	*कुल (कम्युलेटिव) अंतरिक्ष प्रवास (दिन)*	देश
1. सरगेई क्रिकलेव	804.371	रूस
2. सरगेई अवडेव	747.593	रूस
3. वैलेरी पॉलिकोव	678.690	रूस
4. अनोतोली सोलोव्यो	651.117	रूस
5. अलेक्जेंडर कैलेरी	609.911	रूस
6. विक्टर अफानासेव	555.772	रूस
7. यूरी उसाचेव	553.016	रूस
8. मूसा मनारोव	541.021	रूस
9. अलेक्जेंडर विक्टोरेंको	489.066	रूस
10. निकालाय बुडारिन	444.060	रूस

□

भारत में अंतरिक्ष कार्यक्रम की शुरुआत

औपचारिक रूप से प्रारंभ हुए भारतीय अंतरिक्ष कार्यक्रम का उद्देश्य विज्ञान एवं प्रौद्योगिकी का विकास कर इसमें दक्षता प्राप्त करना था, जिसके द्वारा देश के सामाजिक-आर्थिक विकास के लिए इसकी क्षमताओं का उपयोग किया जा सके। सन् 1957 में जब सोवियत संघ द्वारा विश्व का प्रथम उपग्रह छोड़ा गया था तो भारत ने इसे देखने के लिए पहले ही नैनीताल में एक प्रकाशिक अनुवर्तन केंद्र (ऑप्टिकल ट्रेकिंग स्टेशन) की स्थापना कर दी थी। इसके अगले वर्ष टाटा इंस्टीट्यूट ऑफ फंडामेंटल रिसर्च, मुंबई ने प्लास्टिक के गुब्बारे छोड़ने आरंभ किए।

भारत में अंतरिक्ष अनुसंधान विषयक कार्यकलापों का वास्तविक आरंभ सन् 1961 में हुआ, जब इन कार्यकलापों को परमाणु ऊर्जा विभाग के अंतर्गत लाया गया। इसके ठीक अगले वर्ष भारतीय अंतरिक्ष अनुसंधान परिषद् की स्थापना की गई। इसके साथ ही भारत में प्रयोगात्मक कार्यकलापों के लिए बाह्य अंतरिक्ष के उपयोग के प्रयास प्रारंभ हुए।

विशेषज्ञों के एक दल ने रॉकेट प्रमोचन केंद्र की स्थापना के लिए थुंबा को चुना। थुंबा केरल प्रांत में तिरुअनंतपुरम (त्रिवेंद्रम) शहर से उत्तर की ओर 16 कि.मी. की दूरी पर स्थित शांत क्षेत्र है। पृथ्वी की चुंबकीय भूमध्य रेखा पर स्थित यह क्षेत्र शीघ्र ही प्रयोगात्मक कार्यों के लिए आदर्श स्थान बन गया। लगभग 20 भारतीय युवा वैज्ञानिकों के एक तकनीकी दल ने अमेरिका में निर्मित 'नाइक अपाचे' साउंडिंग रॉकेट के हिस्से-पुरजों को जोड़ा। इसमें नीतभार के रूप में स्थानीय रूप से विकसित सोडियम वाष्प का उपयोग किया गया तथा इस रॉकेट को 21 नवंबर, 1963 को छोड़ा गया।

इस प्रकार भारतीय अंतरिक्ष अनुसंधान कार्यक्रम का शुभारंभ हुआ तथा

इसके साथ ही थुंबा भूमध्यरेखीय रॉकेट प्रमोचन केंद्र की स्थापना हुई। थुंबा की अवस्थिति के महत्त्व को समझते हुए संयुक्त राष्ट्र संघ ने प्रयोगात्मक कार्यों के लिए इस प्रमोचन केंद्र को प्रायोजित किया और विश्व के अनेक देशों ने थुंबा रॉकेट प्रमोचन केंद्र की सुविधाओं का उपयोग किया। इसमें साउंडिंग रॉकेट के एक दर्जन से भी अधिक विभिन्न प्रकार के प्रयोग किए।

इसरो की स्थापना एवं प्रगति

थुंबा में हुई शुरुआत के पश्चात् विगत चार दशकों में भारत ने अपने अंतरिक्ष कार्यक्रम में अद्वितीय प्रगति की है। सन् 1969 में केंद्र सरकार द्वारा परमाणु ऊर्जा विभाग के अधीन भारतीय अंतरिक्ष अनुसंधान संगठन (इसरो) की स्थापना की गई। भारत सरकार ने सन् 1972 में स्वतंत्र रूप से अंतरिक्ष विभाग का गठन किया, तब इसरो इसके तहत आ गया। तब से इसरो का मुख्यालय (चित्र-47) बंगलौर में ही है।

उपग्रह निर्माण के क्षेत्र में भारत ने अपनी आत्मनिर्भरता पहले से ही स्थापित कर ली थी, जब इसरो उपग्रह केंद्र, बँगलौर पर ही भारतीय प्रायोगिक उपग्रहों—आर्यभट्ट, एपल, संचार उपग्रह, रोहिणी तथा भास्कर-1 एवं 2 का निर्माण किया गया। सन् 1975 में आर्यभट्ट के प्रक्षेपण के समय अंतरिक्ष कार्यक्रम के क्षेत्र में भारत का स्थान विश्व में ग्यारहवाँ था, जो कि संप्रति छठे स्थान पर जा पहुँचा है। प्रारंभ में इसरो उपग्रह के प्रक्षेपण के लिए विदेशी प्रक्षेपण यानों पर निर्भर था, परंतु शीघ्र ही इसने इस क्षेत्र में आत्मनिर्भरता प्राप्त कर ली। आज हर्ष का विषय है कि भारत के पास विश्वस्तरीय ध्रुवीय (पोलर) उपग्रह प्रक्षेपण यान (पी.एस.एल.वी.) है, जो 1,200 कि.ग्रा. वजन के आई.आर.एस. श्रेणी के उपग्रह को ध्रुवीय कक्ष सौर समकालिक (Polar Sun Synchronous) कक्षा में पृथ्वी से 820 कि.मी. की दूरी

चित्र-47 : अंतरिक्ष भवन, इसरो मुख्यालय।

चित्र-48 : डॉ. विक्रम अंबालाल साराभाई।

पर स्थापित कर सकता है। जबकि परिष्कृत जी.एस.एल.वीं. तो 2,000 कि.ग्रा. वाले उपग्रह को (Geo Synchronous Transfer) अपनी कक्षा में स्थापित कर सकता है।

भारतीय अंतरिक्ष कार्यक्रम को गति देने का पूरा श्रेय स्वर्गीय डॉ. विक्रम अंबालाल साराभाई (चित्र-48) को जाता है, जिनके अथक प्रयासों से भारत ने अंतरिक्ष के क्षेत्र में इतनी प्रगति की है।

भारतीय अंतरिक्ष कार्यक्रम का उद्देश्य

भारतीय अंतरिक्ष कार्यक्रम राष्ट्रीय विकास के लिए अंतरिक्ष प्रौद्योगिकी के उपयोग की दिशा में आत्मनिर्भरता प्राप्त करने की ओर लक्ष्योन्मुख है तथा इसके निम्नांकित उद्देश्य हैं—

1. अंतरिक्ष विज्ञान एवं प्रौद्योगिकी को भू-उपग्रहों के माध्यम से जन संचार और शिक्षा में प्रयुक्त करना।
2. सुदूर अन्वेषण प्रौद्योगिकी द्वारा अंतरिक्ष प्लेटफॉर्मों से प्राकृतिक संसाधनों का सर्वेक्षण और प्रबंध करना।
3. अधिकाधिक आत्मनिर्भरता के साथ अंतरिक्ष प्रौद्योगिकी का विकास करना।

भारतीय अंतरिक्ष अनुसंधान संगठन अंतरिक्ष विभाग के अनुसंधान एवं विकास का महत्त्वपूर्ण खंड है तथा राष्ट्रीय अंतरिक्ष कार्यक्रम के कार्यान्वयन के लिए उत्तरदायी भी है। इसरो देश के अंतरिक्ष कार्यक्रम से संबंधित अनुसंधान और विकास परियोजनाओं के लिए देश में कार्यरत विश्वविद्यालयों एवं अन्य शैक्षिक संस्थानों को भी सहायता प्रदान करता है। अंतरिक्ष केंद्र एवं इनके एककों (यूनिटों) का विवरण निम्नवत् है तथा इसे मानचित्र के रूप में चित्र-49 में दरशाया गया है।

जोधपुर	प्रादेशिक सुदूर संवेदन सेवा केंद्र
उदयपुर	सौर वेधशाला
माउंट आबू	इन्फ्रारेड वेधशाला
अहमदाबाद	अंतरिक्ष उपयोग केंद्र, भौतिक अनुसंधान प्रयोगशाला, विकास

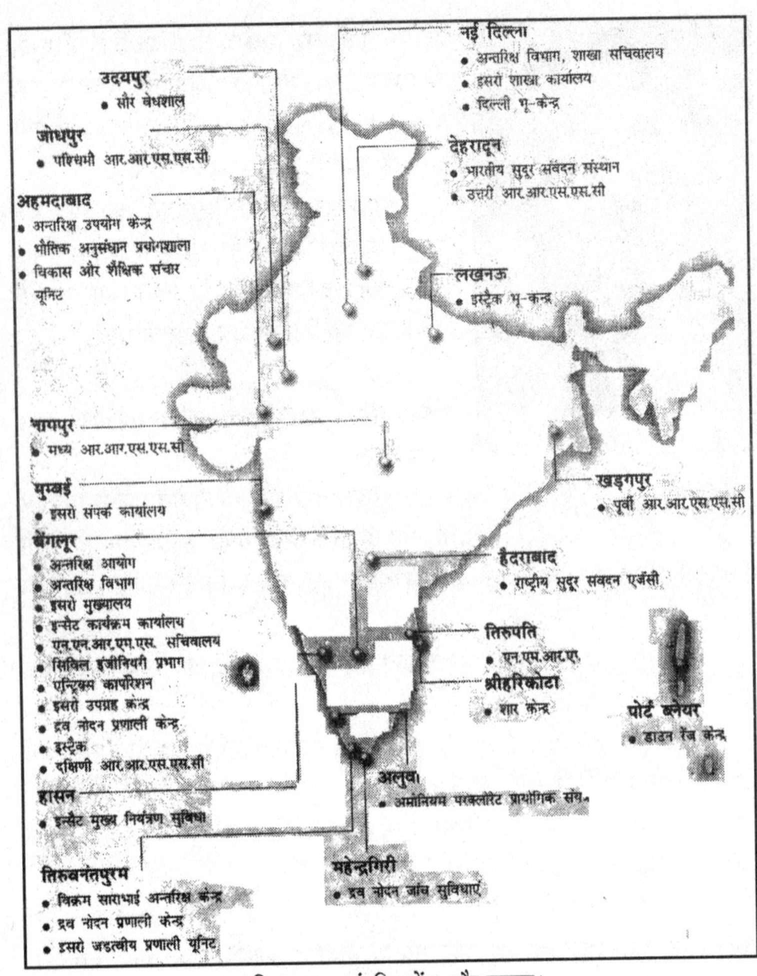

चित्र-49 : अंतरिक्ष केंद्र और एकक।

	और शैक्षणिक संचार यूनिट
नागपुर	प्रादेशिक सुदूर संवेदन सेवा केंद्र
मुंबई	इसरो संपर्क कार्यालय
बँगलौर	अंतरिक्ष आयोग, अंतरिक्ष विभाग, इसरो मुख्यालय, इसरो उपग्रह केंद्र, द्रव प्रणोदन प्रणाली केंद्र, इनसैट-1 अंतरिक्ष खंड परियोजना कार्यालय, सिविल इंजीनियरिंग विभाग, इस्ट्रैक मुख्यालय, उपग्रह

	नियंत्रण केंद्र, एन.एन.आर.एम.एस. सचिवालय, प्रादेशिक सुदूर संवेदन सेवा केंद्र
हसन	इनसैट प्रधान नियंत्रण सुविधा
तिरुअनंतपुरम्	विक्रम साराभाई अंतरिक्ष केंद्र, द्रव प्रणोदन प्रणाली केंद्र, पी.एस.एल.वी. सुविधाएँ, इसरो जड़त्वीय प्रणाली यूनिट
महेंद्रगिरि	द्रव प्रणोदन प्रणाली केंद्र
अलवाई	अमोनियम परक्लोरेट प्रायोगिक संयंत्र
तिरुपति	राष्ट्रीय मध्यमंडल समतापमंडल और क्षोभमंडल राडार सुविधा
श्रीहरिकोटा	सतीश धवन अंतरिक्ष केंद्र
कवलूर	उपग्रह अनुवर्तन तथा सर्वेक्षण केंद्र
पोर्टब्लेयर	डाउन रेंज स्टेशन
हैदराबाद	राष्ट्रीय सुदूर संवेदन एजेंसी
बालासोर	मौसम विज्ञान रॉकेट केंद्र
खड़गपुर	पूर्वी प्रादेशिक सुदूर संवेदन सेवा केंद्र
शिलांग	उत्तर-पूर्वी अंतरिक्ष उपयोग केंद्र
लखनऊ	इस्ट्रैक भू-केंद्र
नई दिल्ली	अंतरिक्ष विभाग शाखा सचिवालय, इसरो शाखा कार्यालय, दिल्ली भू-केंद्र
देहरादून	भारतीय सुदूर संवेदन संस्थान, प्रादेशिक सुदूर संवेदन सेवा केंद्र।

□

भारतीय अंतरिक्ष विभाग के प्रमुख संस्थान

विक्रम साराभाई अंतरिक्ष केंद्र

इस केंद्र का नाम भारतीय अंतरिक्ष कार्यक्रम के संस्थापक प्रो. विक्रम अंबालाल साराभाई के नाम पर रखा गया है। तिरुअनंतपुरम में स्थित यह केंद्र परिज्ञापी रॉकेटों, उपग्रह प्रमोचक रॉकेटों तथा संबद्ध प्रौद्योगिकियों के डिजाइन और विकास में कार्यरत है। यह पी.एस.एल.वी., जी.एस.एल.वी. जैसी सभी प्रमोचक रॉकेट परियोजनाओं के लिए एक अग्रणी केंद्र है। इस केंद्र के क्रियाकलापों को इन समूहों में विभाजित किया गया है—विमानन, वैमानिकी, द्रव्य और यांत्रिकी प्रणाली, ठोस नोदन और यौगिक, प्रणोदक, बहुलक और रसायन, समाकलित प्रमोचक रॉकेट कार्यक्रम, प्रणाली विश्वसनीयता, कंप्यूटर और सूचना समूह।

विक्रम साराभाई अंतरिक्ष केंद्र का अंतरिक्ष विज्ञान एवं प्रौद्योगिकी विभाग अनुसंधान एवं विकास की प्रमुख प्रयोगशाला है। यह केंद्र थुंबा भूमध्यरेखीय रॉकेट प्रक्षेपण केंद्र को चलाता है। इस प्रक्षेपण केंद्र को संयुक्त राष्ट्र संघ द्वारा थुंबा के समीप से जानेवाली भू-चुंबकीय भूमध्यरेखा पर मौसम विज्ञान एवं आयनमंडल संबंधी समस्याओं के अनुसंधान के लिए साउंडिंग रॉकेट प्रयोगों तथा अन्य प्रयोगों के लिए एक अंतरराष्ट्रीय सुविधा के रूप में मान्यता प्राप्त है।

इसरो उपग्रह केंद्र

इसरो उपग्रह केंद्र बँगलौर (कर्नाटक) में स्थित है। यह केंद्र उपग्रह के डिजाइन, निर्माण तथा परीक्षण के लिए उत्तरदायी है। इस केंद्र में आर्यभट्ट, भास्कर, एप्पल, आई.आर.एस.-1 ए आदि उपग्रहों का निर्माण हुआ है। विभिन्न वैज्ञानिक

प्रौद्योगिकीकरण और व्यावहारिक उपयोग से संबंधित अभियानों के लिए स्वदेशी उपग्रह परियोजनाओं को लागू करना इस संस्थान का दायित्व है।

श्रीहरिकोटा प्रक्षेपण केंद्र (शार केंद्र)

यह केंद्र चेन्नई के उत्तर में स्थित आंध्र प्रदेश में श्रीहरिकोटा द्वीप पर स्थित है। यह भारत का मुख्य प्रक्षेपण आधार स्थल है। यहाँ से उपग्रह प्रक्षेपण यान और साउंडिंग रॉकेट छोड़े जाते हैं। यहाँ भारत का सबसे बड़ा ठोस प्रणोदक अंतरिक्ष बूस्टर संयंत्र स्थित है।

अंतरिक्ष अनुप्रयोग केंद्र (सेक)

अंतरिक्ष उपयोग केंद्र, अहमदाबाद इसरो के अंतरिक्ष उपयोग हेतु विभिन्न प्रणालियों की परिकल्पना, संगठन तथा निर्माण के लिए कार्यरत है। इसके प्रमुख कार्यक्षेत्र हैं—उपग्रह आधारित दूरसंचार और टेलीविजन, प्राकृतिक संसाधनों का सर्वेक्षण तथा प्रबंधन, पर्यावरण निगरानी, मौसम विज्ञान तथा भू-मापन आदि।

द्रव प्रणोदन प्रणाली केंद्र

उपग्रह प्रक्षेपण यानों तथा अन्य उपयोगों के लिए द्रव प्रणोदन प्रणाली में अनुसंधान, विकास तथा परीक्षण करना इसका प्रमुख कार्य है। इसके प्रमुख केंद्र हैं—तिरुअनंतपुरम, महेंद्रगिरि तथा बँगलौर।

विकास तथा शैक्षिक संचार इकाई

अहमदाबाद में स्थित यह इकाई अंतरिक्ष उपयोग कार्यक्रम की परिकल्पना, योजना, सामाजिक एवं आर्थिक मूल्यांकन से संबांधित कार्यों का निरूपण करती है। विकास, शिक्षा एवं संचार से संबंधित शोध तथा प्रशिक्षण प्रदान करना भी इस इकाई के प्रमुख कार्य हैं।

भौतिकी अनुसंधान प्रयोगशाला

अहमदाबाद में स्थित यह केंद्र अंतरिक्ष विभाग के तहत अंतरिक्ष एवं संबद्ध विज्ञान में अनुसंधान करनेवाला प्रमुख केंद्र है। सौर उपग्रह भौतिकी, इन्फ्रारेड खगोलशास्त्र, भू-ब्रह्मांड भौतिकी, प्लाज्मा भौतिकी आदि इसके महत्त्वपूर्ण अनुसंधान विषय हैं। इस प्रयोगशाला की स्थापना सन् 1948 में डॉ. विक्रम साराभाई द्वारा की गई थी।

इसरो टेलीमेट्री नियंत्रण तथा निगरानी नेटवर्क

बँगलौर स्थित यह केंद्र प्रक्षेपण यान एवं उपग्रहों को विभिन्न स्थलीय केंद्रों के जाल द्वारा ट्रैकिंग, टेलीमेट्री एवं नियंत्रण सुविधा प्रदान करता है।

इसरो जड़त्व प्रणाली इकाई

तिरुअनंतपुरम में स्थित यह इकाई उपग्रह एवं प्रक्षेपण यानों के लिए जड़त्व प्रणाली के डिजाइन एवं विकास के लिए उत्तरदायी है। जैसे—संवेग/प्रतिक्रिया चक्का, सौर किरण चालक, गाइरो पैकेज आदि।

राष्ट्रीय दूर संवेदी एजेंसी

यह अंतरिक्ष विभाग द्वारा सहायता प्राप्त स्वायत्त संस्था है। उपग्रह से प्राप्त आँकड़ों का उपयोग कर पृथ्वी के संसाधनों की पहचान, सर्वेक्षण, वर्गीकरण एवं निगरानी करने का कार्य यह संस्था करती है। उपग्रह से आँकड़े प्राप्त करने का केंद्र शादनगर, हैदराबाद के पास है। यहाँ लैंडसैट, नोआ, स्पाट, आई.आर.एस. आदि उपग्रहों से आँकड़े प्राप्त किए जाते हैं। यह देहरादून में स्थित भारतीय दूर संवेदी संस्थान का भी संचालन करती है।

मुज़्य नियंत्रण सुविधा

हासन (कर्नाटक) स्थित यह केंद्र इनसैट उपग्रह के प्रक्षेपण के बाद उसे कक्षा में स्थापित करने, केंद्र से उसके संपर्क को बनाए रखने, कक्षा में उपग्रह की अन्य क्रियाओं की देखभाल करने आदि प्रमुख कार्यों के लिए उत्तरदायी है।

□

भारतीय अंतरिक्ष कार्यक्रम के जनक

डॉ. विक्रम अंबालाल साराभाई

आज हमारे देश को अंतरिक्ष विज्ञान के क्षेत्र में जो महत्त्वपूर्ण स्थान प्राप्त हुआ है, उसका श्रेय उस महान् वैज्ञानिक को जाता है, जिसने वैज्ञानिकों को अनुसंधान कार्य करने के साथ-ही-साथ सामाजिक उत्थान करने की भी प्रेरणा दी। वे महान् वैज्ञानिक बहुमुखी प्रतिभा के धनी डॉ. विक्रम अंबालाल साराभाई थे। उन्होंने ही भारतीय अंतरिक्ष अनुसंधान कार्यक्रमों को प्रारंभ किया, जिसके परिणामस्वरूप ही भारतीय उपग्रह अंतरिक्ष में छोड़े गए।

चित्र-50 : रोहिणी उपग्रह।

डॉ. विक्रम साराभाई को भारतीय अंतरिक्ष अनुसंधान कार्यक्रमों का जनक कहा जाता है। सन् 1962 में उन्हें भारत में अंतरिक्ष अनुसंधान एवं विकास की जिम्मेदारी सौंपी गई। वे अंतरिक्ष अनुसंधान हेतु गठित भारतीय कमेटी के अध्यक्ष बने। 'रोहिणी' (चित्र-50) नामक भारतीय रॉकेट शृंखला के जनक डॉ. साराभाई ही थे।

उनके द्वारा शुरू की गई योजनाओं में एक योजना वह

भी थी, जिसके अंतर्गत सन् 1975 में 'आर्यभट्ट' (चित्र-51) उपग्रह अंतरिक्ष में भेजा गया था।

चित्र-51 : आर्यभट्ट उपग्रह।

डॉ. साराभाई का मानना था कि वैज्ञानिकों को अनुसंधान कार्यों में तो लगे रहना चाहिए, परंतु सामाजिक दायित्वों से भी पीछे नहीं हटना चाहिए। वैज्ञानिकों को समाज, ग्राम तथा देश की उन्नति में भी महत्त्वपूर्ण योगदान देना चाहिए। सन् 1975-76 में सैटेलाइट इंस्ट्रक्शनल टेलीविजन एक्सपेरीमेंट (साइट) कार्यक्रम, जिसका लक्ष्य 240 ग्रामों में रहनेवाले लगभग 50 लाख भारतीयों तक शिक्षा को पहुँचाना था, का श्रेय भी उन्हीं को जाता है। ग्रामीण क्षेत्रों में टेलीविजन प्रसारण द्वारा शिक्षा, कृषि एवं ग्रामीण विकास का उनका स्वप्न साकार हो रहा है। डॉ. विक्रम साराभाई उन महान् पुरुषों में से हैं, जिन्होंने विश्व में भारतवर्ष को गौरवपूर्ण स्थान पर तो पहुँचाया ही, साथ ही भारतीय समाज का भी उत्थान किया। भारतीय इतिहास में डॉ. साराभाई का योगदान सदियों तक अमर रहेगा।

प्रो. सतीश धवन

सन् 1920 में जनमे प्रो. सतीश धवन भारत के प्रमुख वैज्ञानिक रहे हैं। उन्होंने अंतरिक्ष अनुसंधान के क्षेत्र में महत्त्वपूर्ण योगदान दिया। भारतीय कृत्रिम उपग्रह 'आर्यभट्ट' तथा 'रोहिणी' का प्रक्षेपण उनके अथक प्रयासों का ही प्रतिफल रहा है।

प्रो. ब्रह्मप्रकाश

प्रो. सतीश धवन की सारी परियोजनाओं को उन्होंने ही कार्यरूप दिया तथा थुंबा में डॉ. विक्रम साराभाई अंतरिक केंद्र की स्थापना की।

प्रो. वसंत गोवारिकर

आपने रॉकेट प्रणोदन के क्षेत्र में अद्भुत तथा महत्त्वपूर्ण तकनीकी कार्य किया।

चित्र-52 : प्रो. यू.आर. राव।

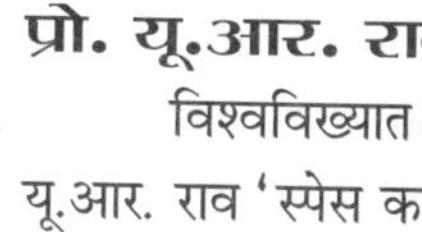

प्रो. यू.आर. राव

विश्वविख्यात अंतरिक्ष वैज्ञानिक प्रो. यू.आर. राव 'स्पेस कमीशन' और इंडियन स्पेस रिसर्च ऑर्गेनाइजेशन (इसरो) के अध्यक्ष रहे हैं। अनेक प्रमुख उपग्रहों का प्रक्षेपण उन्हीं के कार्यकाल में संपन्न हुआ तथा उनका व्यावहारिक उपयोग भी शुरू हुआ। प्रो. यू.आर. राव (चित्र-52) को सन् 1996 में 'विक्रम साराभाई इंटरनेशनल अवार्ड' से भी अलंकृत किया गया।

चित्र-53 : प्रो. के. एस. कस्तूरीरंगन।

प्रो. कृष्ण स्वामी कस्तूरीरंगन

अंतरिक्ष वैज्ञानिक, भारत के 'दूरसंवेदी उपग्रह कार्यक्रम' के निर्माता और 'इंडियन सैटेलाइट रिसर्च ऑर्गेनाइजेशन' के अध्यक्ष रहे प्रो. कस्तूरीरंगन (चित्र-53) को वर्ष 1992 में पद्म भूषण, विक्रम साराभाई पुरस्कार तथा भटनागर पुरस्कार आदि से पुरस्कृत किया जा चुका है। आपके निर्देशन में 29 सितंबर, 1997 को 1,200 कि.ग्रा. भार के सुदूर संवेदी उपग्रह आई.आर.एस.-1 डी को भारत में ही निर्मित पी.एस. एल.वी.-सी.एफ. के माध्यम से श्रीहरिकोटा केंद्र से सफलतापूर्वक अंतरिक्ष में प्रक्षेपित किया गया। वर्ष 2002 में प्रो. कस्तूरीरंगन को गूजरमल मोदी विज्ञान पुरस्कार से तथा फ्रांस के सर्वोच्च सम्मान 'ऑफिसर डि ला लेजन डि ऑनर' से सम्मानित किया गया है। वे वर्ष 2003 में राज्यसभा के सदस्य भी नियुक्त किए गए।

प्रो. प्रमोद कामे

ये इनसैट परियोजना के निदेशक थे। तत्पश्चात् उपग्रह उपयोग केंद्र, अहमदाबाद तथा विक्रम साराभाई अतरिक्ष केंद्र के अध्यक्ष बने।

प्रो. ए.ई. मथुनायागम

प्रो. मथुनायागम द्रव प्रणोदन विशेषज्ञ हैं। उनका क्रायोजेनिक इंजन के विकास में महत्त्वपूर्ण योगदान है।

प्रो. माधवन नायर

प्रो. गोपालन माधवन नायर (चित्र-54) को भारतीय अंतरिक्ष अनुसंधान संगठन (इसरो) का अध्यक्ष 1 सितंबर, 2003 को नियुक्त किया गया। इसरो के अध्यक्ष (चेयरमैन) होने के साथ ही वे अंतरिक्ष विभाग के सचिव तथा अंतरिक्ष आयोग के अध्यक्ष भी रह चुके हैं। प्रो. नायर अंतरराष्ट्रीय ख्यातिप्राप्त वैज्ञानिक हैं। उन्होंने भारत के प्रथम बहुआयामी उपग्रह प्रक्षेपण यान एस.एल.वी.-3 और पी.एस.एल.वी. के निर्माण में बहुमूल्य योगदान किया। उन्हीं के कुशल निर्देशन में चंद्रयान-1 का प्रमोचन हुआ तथा हाल ही में 20 अप्रैल, 2009 को रिसैट-2 का प्रक्षेपण हुआ।

चित्र-54 : प्रो. माधवन नायर।

प्रो. नायर का जन्म कन्याकुमारी जिले के एक छोटे से गाँव में 31 अक्तूबर, 1943 को हुआ। माधवन ने प्रारंभिक शिक्षा कन्याकुमारी जिले के एक छोटे से गाँव तिरुनंदीपुरा के कच्चे झोंपड़ेनुमा मकान में ग्रहण की। जब वे दसवीं कक्षा में थे तब मित्रों के साथ मिलकर रेडियो-संचालित हवाई जहाज का निर्माण सेना के कबाड़ से किया था। इस प्रकार प्रारंभिक अवस्था से ही उनकी अभिरुचि अंतरिक्ष में थी। सन् 1966 में केरल विश्वविद्यालय से अभियांत्रिकी में उपाधि प्राप्त करने के पश्चात् वे भाभा परमाणु अनुसंधान केंद्र, मुंबई से जुड़े। तत्पश्चात् थुंबा भूमध्यरेखीय रॉकेट प्रक्षेपण स्टेशन से अपनी सेवाएँ प्रारंभ कीं। नायर रॉकेट तथा प्रक्षेपण वाहनों के विशेषज्ञ हैं तथा उनके कुशल निर्देशन में भारत ने अंतरिक्ष विज्ञान के क्षेत्र में नए आयाम स्थापित किए हैं। उन्हें कई राष्ट्रीय पुरस्कार तथा पद्म विभूषण एवं पद्म भूषण जैसे सम्मान भी भारत सरकार ने प्रदान किए हैं।

डॉ. कोप्पिल्लि राधाकृष्णन

डॉ. के. राधाकृष्णन वर्तमान में इसरो के अध्यक्ष हैं। इनका जन्म 29 अगस्त, 1949 को केरल राज्य के त्रिचूर जिले के इंरीजालकुडा गाँव में हुआ। इनके पिता स्व. श्री के.पी. कृष्णनकुट्टी मेनन उप-जिला कलेक्टर थे तथा माता जिला शिक्षा अधिकारी थीं। आरंभिक शिक्षा केरल राज्य में ही हुई। डॉ. राधाकृष्णन ने 1970 में विद्युत् अभियांत्रिकी ऑनर्स की परीक्षा प्रथम श्रेणी में त्रिचूर अभियांत्रिकी महाविद्यालय से उत्तीर्ण की तथा 1971 से ही थुंबा में डिजाइन इंजीनियर के पद पर सेवा प्रारंभ की। 1974-76 में भारतीय प्रबंधन संस्थान, बंगलौर से एम.बी.ए. की उपाधि तथा भारतीय प्रौद्योगिकी संस्थान, खड्गपुर से पी-एच.डी. की उपाधि प्राप्त की। डॉ. राधाकृष्णन ने कई महत्त्वपूर्ण पदों को सुशोभित किया। वे इंफॉइस के संस्थापक-निदेशक, भारतीय सुदूर संवेदन एजेंसी के निदेशक तथा विक्रम साराभाई अंतरिक्ष केंद्र के निदेशक रहे हैं। डॉ. राधाकृष्णन की अंतरिक्ष अभियांत्रिकी के क्षेत्र में उत्कृष्ट योग्यता के कारण उन्हें के.आर. रामनाथन स्वर्णपदक प्रदान किया गया। उन्हें विज्ञान भूषण एवं विज्ञान पार्षद की सम्मानोपाधियाँ भी प्रदान की गई हैं। उन्होंने लगभग पूरे विश्व की यात्रा की है तथा कई अंतरराष्ट्रीय सम्मेलनों में देश का प्रतिनिधित्व किया है। 31 अक्तूबर, 2009 को उन्हें इसरो के अध्यक्ष का पदभार सौंपा गया है।

चित्र-54ए : वर्तमान इसरो अध्यक्ष डॉ. के. राधाकृष्णन।

□

भारतीय अंतरिक्ष यात्री

प्रथम भारतीय अंतरिक्ष यात्री : राकेश शर्मा

3 अप्रैल, 1984 को सोवियत अंतरिक्ष यान 'सोयुज-टी 11' के द्वारा रूसी अंतरिक्ष केंद्र, बैकानुर से अंतरिक्ष में जानेवाले स्क्वाड्रन लीडर राकेश शर्मा भारत के प्रथम अंतरिक्ष यात्री बने। इस यान में उनके साथ रूसी अंतरिक्ष यात्री यूरी मैलीशेव तथा गेन्नाडी स्त्रकोलोव भी गए। 4 अप्रैल, 1984 को इन तीनों यात्रियों ने अपने यान की 18वीं परिक्रमा के दौरान अंतरिक्ष में पहले से ही स्थापित सोवियत प्रयोगशाला 'सोल्युत-7' में जाकर वहाँ एक सप्ताह रहकर कई वैज्ञानिक परीक्षणों को संपन्न किया। सोल्युत-7 में राकेश शर्मा ने सुदूर संवेदन, जैव औषधि एवं पदार्थ विज्ञान संबंधी अनेक प्रयोग एवं उनकी सफल फोटोग्राफी के साथ ही चाँदी तथा जर्मेनियम की एक मिश्र धातु भी तैयार की। इसके बाद ये तीनों यात्री 'सोयुज-10' अंतरिक्ष यान से 11 अप्रैल, 1984 को मास्को से 3,000 कि.मी. दूर स्थित अर्कालिक नगर के समीप सकुशल वापस लौट आए। इस प्रकार स्क्वाड्रन लीडर राकेश शर्मा भारत के प्रथम एवं विश्व के 138वें अंतरिक्ष यात्री बन गए (चित्र-55)।

चित्र-55 : प्रथम भारतीय अंतरिक्ष यात्री राकेश शर्मा।

भारत-सोवियत अंतरिक्ष सहयात्रा का प्रतीक चिह्न सूर्य-रथ था और इस यात्रा के दौरान भारत का राष्ट्रीय ध्वज—तिरंगा झंडा—भी ले जाया गया था। राकेश शर्मा अपने साथ महात्मा गांधी, जवाहरलाल नेहरू, राष्ट्रपति ज्ञानी जैल सिंह, श्रीमती इंदिरा गांधी और रक्षामंत्री श्री आर. वेंकटरमण के चित्र एवं राजघाट की पवित्र मिट्टी भी ले गए थे।

प्रथम भारतीय महिला अंतरिक्ष यात्री : डॉ. कल्पना चावला

भारत के करनाल (हरियाणा) में 1 जुलाई, 1961 को जनमी कल्पना चावला को हवाई करतब तथा पढ़ने में विशेष अभिरुचि थी। उन्होंने सन् 1976 में करनाल के टैगोर स्कूल से प्रारंभिक शिक्षा के पश्चात् पंजाब इंजीनियरिंग कॉलेज से सन् 1982 में एरोनॉटिकल इंजीनियरिंग की डिग्री प्राप्त की। तत्पश्चात् सन् 1984 में टेक्सास विश्वविद्यालय से ऐरोस्पेस इंजीनियरिंग में मास्टर ऑफ साइंस की डिग्री तथा कोलोरॉडो विश्वविद्यालय से सन् 1988 में ऐरोस्पेस इंजीनियरिंग में पी-एच.डी. की उपाधि प्राप्त की।

चित्र-56 : कल्पना चावला।

सन् 1988 में वे रिसर्च के लिए नासा से जुड़ीं, जहाँ उन्होंने कई शोधपत्र प्रकाशित किए। उन्होंने सन् 1993 में कैलिफोर्निया के ओवरसैट मेथड्स की शोध परियोजना का भी नेतृत्व किया था। तत्पश्चात् उन्होंने अमेरिकी नागरिकता ग्रहण कर ली थी।

दिसंबर 1994 में नासा ने एक एस्ट्रोनॉट के रूप में कल्पना ('के.सी.' के नाम से लोकप्रिय) का चयन किया तथा मार्च 1995 में उन्हें 15 सदस्यीय अंतरिक्ष यात्रियों के समूह में शामिल किया गया। एक वर्ष के प्रशिक्षण के पश्चात् कल्पना को एस्ट्रोनॉट ऑफिस/रोबोटिक्स एवं कंप्यूटर ब्रांच के लिए तकनीकी मुद्दों का दायित्व सौंपा गया। नवंबर 1996 में उन्हें मिशन स्पेशलिस्ट का भार सौंपा गया। 19 नवंबर से 5 दिसंबर, 1997 तक कोलंबिया की एस.टी.एस.-87 उड़ान पर वह प्राइम रोबोटिक आर्म ऑपरेटर (पहली अंतरिक्ष यात्रा) थीं। एस.टी.एस.-87 अमेरिका की माइक्रोग्रेविटी पेलोड फ्लाइट थी। इसका उद्देश्य

भारहीनता का अध्ययन करना था।

16 जनवरी, 2003 को अपनी दूसरी अंतरिक्ष उड़ान के लिए केपकेनेडी अंतरिक्ष केंद्र से कोलंबिया के एस.टी.एस.-113 मिशन पर वह रवाना हुईं, जहाँ से 1 फरवरी, 2003 को वापस लौटते समय पृथ्वी पर उतरने से केवल 16 मिनट पूर्व ही वे सदा के लिए अंतरिक्ष में लीन हो गईं (चित्र-56)।

सुनीता विलियज़्स : नासा की भारतीय मूल की दूसरी महिला अंतरिक्ष यात्री

अमेरिकी अंतरिक्ष एजेंसी 'नासा' ने भारतीय मूल की अमेरिकी नागरिक सुनीता विलियम्स (चित्र-57) का चयन अंतरराष्ट्रीय अंतरिक्ष स्टेशन जानेवाले 14वें अभियान दल के लिए किया। छह माह के इस मिशन पर अमेरिकी एस्ट्रोनॉट माइकल लोपेज, एलेग्रिया तथा रूसी कमांडर मिखाइल ट्यूरिन के साथ फ्लाइट इंजीनियर के रूप में अंतरराष्ट्रीय अंतरिक्ष स्टेशन के लिए सितंबर 2006 में सुनीता विलियम्स ने पहली अंतरिक्ष उड़ान भरी।

चित्र-57 : सुनीता विलियम्स।

सुनीता विलियम्स के पिता डॉ. दीपक पांड्या, जो पेशे से चिकित्सक हैं, सन् 1960 के दशक में भारत से अमेरिका जा बसे थे। अंतरिक्ष उड़ान के लिए सुनीता का चयन सन् 1998 में ही नासा द्वारा कर लिया गया था। □

भारतीय उपग्रह : एक दृष्टि में

उपग्रहों की प्रक्षेपण स्थिति के संबंध में भारतीय परिदृश्य में इस विषयक जानकारी सारणी-10 में वर्णित की गई है—

आर्यभट्ट

भास्कर-1

कार्टोसैट-2

सारणी-10

भारतीय उपग्रह : एक दृष्टि में

उपग्रह	प्रक्षेपण तिथि	वजन (कि.ग्रा.)	प्रक्षेपण स्थल	प्रक्षेपक (रॉकेट)	प्रयोजन	परिणाम
आर्यभट्ट	19.04.1975	360	कॉस्मोड्रोम, सोवियत संघ	इंटर फॉसमॉस रॉकेट	वैज्ञानिक	सफल
भास्कर	07.06.1979	442	कॉस्मोड्रोम	इंटरकॉसमॉस रॉकेट	पृथ्वी का अवलोकन	सफल
रोहिणी आर.एस.-1	10.08.1979	35	श्रीहरिकोटा (आंध्र प्रदेश)	एसएल.वी-3	पृथ्वी का अवलोकन	असफल
रोहिणी आर.एस.-2	18.07.1980	35	श्रीहरिकोटा	ए.एल.वी-3	पृथ्वी का अवलोकन	सफल
रोहिणी आर.एस.डी.-1	31.05.1981	38	श्रीहरिकोटा	एस.एल.वी-3	वैज्ञानिक	असफल
एप्पल	19.06.1981	670	कोरू, फ्रेंच गुयाना, द. अमेरिका	एरियन	संचार	सफल
भास्कर-2	20.11.1981	436	कॉस्मोड्रोम	इंटर कॉसमॉस	पृथ्वी का अवलोकन	सफल
इनसैट-1	10.04.1982	1160	केप केनेवरल, अमेरिका	डेल्टा रॉकेट	बहूद्देश्यी	सफल
रोहिणी आर.एस.डी.-2	17.04.1983	41.5	श्रीहरिकोटा	एल.एल.वी-3	वैज्ञानिक	सफल
इनसैट-1बी	30.08.1983	1193	केप केनेवरल	शटल चैलेंजर	बहूद्देश्यी	सफल
स्रोस-1	24.03.1987	150	श्रीहरिकोटा	ए.एस.एल.वी.डी.-1	सुदूर संवेदन	असफल
आई.आर.एस.-1ए	17.03.1988	980	बैकानूर, रूस	वोस्तोक	सुदूर संवेदन	सफल
स्रोस-2	13.07.1988	150	श्रीहरिकोटा	ए.एस.एल.वी.डी.-2	सुदूर संवेदन	असफल
इनसैट-1 सी	21.07.1988	-	कोरू फ्रेंच गुयान	एरियन	बहूद्देश्यीय	असफल

उपग्रह	प्रक्षेपण तिथि	वजन (कि.ग्रा.)	प्रक्षेपण स्थल	प्रक्षेपक (रॉकेट)	प्रयोजन	परिणाम
इनसैट–1 डी	12.06.1990	650	केपकेनेवरल	शटल चैलेंजर	बहूद्देश्यीय	सफल
आई. आर.एस.–1 बी.	29.08.1991	985	बैकानूर	वोस्तोक	सुदूर संवेदन	सफल
स्रोस–3	20.05.1992	106	श्रीहरिकोटा	ए.एस.बी.डी.–3	सुदूर संवेदन	सफल
इनसैट–2 ए	10.07.1992	1416	कोरू	एरियन	बहूद्देश्यीय	सफल
इनसैट–2 बी	23.07.1993	1906	कोरू	एरियन	बहूद्देश्यीय	सफल
आई.आर.एस.1 ई.	20.09.1993	850	श्रीहरिकोटा	पी.एस. एल. वी.–डी.–1		स ु द ू र
संवेदन	असफल					
स्रोस सी–2	04.05.1994	113	श्रीहरिकोटा	ए.एस.एल.वी.डी.–4	सुदूर संवेदन	सफल
आई.आर.एस.पी.–2	15.10.1994	870	श्रीहरिकोटा	पी.एस.एल.वी.डी.–2	सुदूर संवेदन	सफल
इनसैट–2 सी	07.12.1995	2050	कोरू	एरियन	बहूद्दश्यीय	सफल
आई.आर.एस. 1 सी.	28.12.1995	1250	बैकानूर	मोलनिया	सुदूर संवेदन	सफल
आई.आर.एस.पी.–3	21.03.1996	930	श्रीहरिकोटा	पी.एस.एल.वी.डी.–3	सुदूर संवेदन	सफल
इनसैट–2 डी	04.06.1997	–	कोरू	एरियन	बहूद्देश्यीय	सफल
आई.आर.एस.1–डी.	29.09.1997	–	श्रीहरिकोटा	पी.एस.एल.वी.सी.–1	सुदूर संवेदन	सफल
इनसैट–2 ई.	03.04.1999	2250	कोरू	एरियन	संचार और मौसम	सफल
इनसैट–3 बी.	22.03.2000	2070	कोरू	एरियन–5	बहूद्देश्यीय	सफल
जीसैट–1	18.04.2001	1540	श्रीहरिकोटा	जी.एस.एल.वी.डी.–1	संचार	सफल

इनसैट–3 सी	24.01.2002	2750	कोरू	एरियन–4	डिजिटल प्रसारण	सफल
मैटसैट (कल्पना–1)	12.09.2002	1060	श्रीहरिकोटा	पी.एस.एल.वी.सी.–4	मौसम	सफल
इनसैट–3 ए.	10.4.2003	2958	कोरू	एरियन–5	बहूद्देश्यीय	सफल
जीसैट–2	8.5.2003	1800	श्रीहरिकोटा	जी.एस.एल.वी.डी.–2	संचार	सफल
इनसैट–3 ई.	28.9.2007	2775	कोरू	एरियन–5	बहूद्देश्यीय	सफल
रिसोर्ट सैट–1	17.10.2003	1360	श्रीहरिकोटा	पी.एस.एल.वी.सी.–5	बहूद्देश्यीय	सफल
एजुसैट	20.9.2004	1950	श्रीहरिकोटा	जी.एस.एल.वी.एफ–1	दूरस्थ शिक्षा	सफल
कार्टोसैट–1	5.5.2005	1560	श्रीहरिकोटा	पी.एस.एल.वी.सी–6	सुदूर संवेदन	सफल
हेमसैट	5.5.2005	43	श्रीहरिकोटा	पी.एस.एल.वी.सी–6	रेडियो	सफल
इनसैट–4 ए.	22.12.2005	3080	कोरू	एरियन–5	टी.वी. प्रसारण	सफल
इनसैट–4 सी.	10.7.2006	2168	श्रीहरिकोटा	जी.एस.एल.वी.एफ.–2	संचार	असफल
इनसैट–4 बी.	12.3.2007		कोरू	पी.एस.एल.वी.सी.–8		सफल
टैकसार सैट	21.1.2008		श्रीहरिकोटा	पी.एस.एल.वी.सी.–10	सुदूर संवेदन	सफल
कार्टोसैट–2	24.4.2008		श्रीहरिकोटा	पी.एस.एल.वी.सी–9		सफल
चंद्रयान–1	22.11.2008		श्रीहरिकोटा	पी.एस.एल.वी.सी–11		सफल
रिसैट–2	20.4.2009		श्रीहरिकोटा	पी.एस.एल.वी.सी–12	मौसम व आपदा प्रबंधन	सफल

□

भारतीय अंतरिक्ष केंद्र तथा यूनिटें

बंगलौर

- अंतरिक्ष आयोग
- अंतरिक्ष विभाग
- इसरो मुख्यालय
- इनसैट कार्यक्रम कार्यालय
- एन.एन.आर.एम.एस. सचिवालय
- सिविल इंजीनियरिंग प्रभाग
- एंट्रिक्स कॉरपोरेशन
- इसरो उपग्रह केंद्र
- इलेक्ट्रो-प्रकाशिकी संवेदक प्रयोगशाला (लियोस)
- दक्षिणी आर.आर.एस.एस.सी. (रीजनल रिमोट सेंसिंग सर्विस सेंटर)
- द्रव नोदन प्रणाली केंद्र
- इसरो रेडार डिवेलपमेंट यूनिट
- इसरो टेलीमेंटरी ट्रेकिंग एंड कमांड नेटवर्क

तिरुअनंतपुरम

- विक्रम साराभाई अंतरिक्ष केंद्र
- द्रव नोदन प्रणाली केंद्र
- इसरो जड़त्वीय प्रणाली यूनिट

अहमदाबाद

- अंतरिक्ष उपयोग केंद्र

- भौतिक अनुसंधान प्रयोगशाला
- विकासात्मक एवं शैक्षिक संचार यूनिट

नई दिल्ली

- अंतरिक्ष विभाग शाखा सचिवालय
- इसरो शाखा कार्यालय
- दिल्ली भू-केंद्र

देहरादून

- भारतीय सुदूर संवेदन संस्थान
- उत्तरी आर.आर.एस.एस.सी.
- सेंटर फॉर स्पेस साइंस एंड टेक्नोलॉजी
- एजूकेशन इन एशिया पेसिफिक

अन्य प्रमुख संस्थान

- सतीश धवन अंतरिक्ष केंद्र (शार), श्रीहरिकोटा
- मुख्य नियंत्रण सुविधा, हासन
- द्रव नोदन जाँच सुविधाएँ, महेंद्रगिरि
- अर्द्ध-चालक प्रयोगशाला (सिमी कंडक्टर लेबोरेटरी), चंडीगढ़
- सौर वेधशाला, उदयपुर
- प्रादेशिक सुदूर संवेदन सेवा केंद्र, जोधपुर
- अवरक्त वेधशाला, माउंट आबू
- मास्टर कंट्रोल फैसिलिटी-बी, भोपाल
- इसरो संपर्क कार्यालय, मुंबई
- अमोनियम परक्लोरेट प्रायोगिक संयंत्र, आलुवा
- आई.एस.टी.आर.ए.सी. (इस्ट्रैक) भू-केंद्र, लखनऊ
- उत्तर-पूर्वी अंतरिक्ष उपयोग केंद्र, शिलांग
- ईस्टर्न रीजनल रिमोट सेंसिंग सर्विस सेंटर, खड़गपुर
- केंद्रीय प्रादेशिक सुदूर संवेदन केंद्र, नागपुर
- राष्ट्रीय सुदूर संवेदन एजेंसी
- राष्ट्रीय वायुमंडलीय अनुसंधान प्रयोगशाला, तिरुपति
- डाउन रेज केंद्र, पोर्ट ब्लेयर

☐

चंद्रयान-I : भारत का चंद्रमा पर प्रथम मिशन

22 अक्तूबर, 2008 का दिन भारतीय अंतरिक्ष अनुसंधान संगठन (इसरो) के लिए ऐतिहासिक दिन रहा, जब भारत के प्रथम चंद्र मिशन 'चंद्रयान-I' का प्रमोचन प्रात: 6 बजकर 22 मिनट पर श्रीहरिकोटा के सतीश धवन अंतरिक्ष केंद्र से पी.एस.एल.वी.-सी. 2 (ध्रुवीय उपग्रह प्रमोचन यान) की उड़ान के साथ संपन्न हुआ। इस सफल प्रमोचन के साथ ही भारत चंद्र अन्वेषण करनेवाले छह देशों की पंक्ति में सम्मिलित हो गया। इससे पूर्व अमेरिका, रूस, यूरोपीय अंतरिक्ष संस्था (ईसा), चीन तथा जापान अपने चंद्र मिशन भेज चुके हैं। 1,380 कि.ग्रा. भार तथा 11 नीतभारों से लैस चंद्रयान को मात्र 18.2 मिनट के बाद

चित्र-58 : 'चंद्रयान-I' का सफल प्रमोचन।

ही 250 कि.मी. वाली पेरिजी (पृथ्वी से निम्नतम दूरीवाला बिंदु) तथा 23,000 कि.मी. वाली अपोजी (पृथ्वी से इष्टतम दूरीवाला बिंदु) की ट्रांसफर कक्षा में छोड़ दिया गया। प्रमोचन के पंद्रह दिन बाद 'चंद्रयान-I' निर्धारित चंद्र कक्षा में पहुँच गया। इसे चंद्र सतह से 100 कि.मी. की ऊँचाईवाली कक्षा में स्थापित किया गया है, जहाँ से इसका दो वर्ष का प्रचालन चरण प्रारंभ होगा।

भारतीय अंतरिक्ष अनुसंधान संगठन (इसरो) के पूर्व अध्यक्ष प्रो. माधवन नायर ने चंद्रयान (चित्र-58) के इस सफल प्रमोचन को भारतीय अंतरिक्ष कार्यक्रम का एक अविस्मरणीय एवं ऐतिहासिक क्षण बताया।

अपनी उड़ान के विभिन्न चरणों में 'चंद्रयान-I' अपने स्वास्थ्य के विषय में विस्तृत सूचनाएँ पृथ्वी को भेजेगा तथा पृथ्वी से भेजे जानेवाले रेडियो कमांड सिग्नलों का भी अभिग्रहण करेगा। चंद्रमा का चक्कर लगाने के दौरान यह चंद्रमा की बहुमूल्य प्रतिबिंबकी और अन्य वैज्ञानिक सूचना पृथ्वी को भेजेगा।

चंद्र मिशन की प्रारंभिक रूपरेखा

प्राचीनकाल से ही हमारे सबसे नजदीकी ब्रह्मांडीय पड़ोसी पिंड चंद्रमा ने आकाश में दृष्टिगोचर सभी पिंडों की तुलना में हमारा ध्यान सबसे अधिक आकर्षित किया है। ब्रह्मांडीय पिंडों में सबसे अधिक अन्वेषण पृथ्वी के चंद्रमा का ही किया गया है। चंद्रमा के लिए भारतीय वैज्ञानिक चंद्र मिशन का विचार भारत के विज्ञान एकेडेमी में सन् 1999 में चर्चा में आया। तत्पश्चात् इस विषयक विचार-विमर्श वर्ष 2000 में भारतीय एस्ट्रोनॉटिकल सोसाइटी में हुआ। इन संस्थाओं की सिफारिशों के आधार पर एक राष्ट्रीय चंद्र मिशन टास्क फोर्स का गठन किया गया। यह गठन भारतीय अंतरिक्ष अनुसंधान संगठन (इसरो) द्वारा किया गया तथा इस टास्क फोर्स में देश के प्रख्यात वैज्ञानिकों तथा तकनीकीविदों ने भाग लिया। टास्क फोर्स के अध्ययन प्रतिवेदन पर अप्रैल 2003 में 100 भारतीय वैज्ञानिकों की टीम ने विचार-विमर्श किया तथा नवंबर 2003 में भारत सरकार ने 'चंद्रयान-I' परियोजना को स्वीकृति प्रदान की।

'चंद्रयान-I' मिशन के लिए चंद्रमा के विभिन्न गणकों, यथा—इसके कक्षीय गणक, चंद्रमा/पृथ्वी तुलना, चंद्र वायुमंडल, वायुमंडल में विभिन्न रासायनिक तत्त्वों की उपस्थिति आदि का बहुत महत्त्व है तथा इस विषयक जानकारी सारणी-11 में प्रदान की गई है।

सारणी-11
चंद्रमा के विभिन्न खगोलिकी गणक

कक्षीय गणक

1. सेमी मेजर अक्षरेखा	0.3877×10^6 कि.मी.
2. पेरिजी	0.3633×10^6 कि.मी.
3. अपोजी	0.4055×10^6 कि.मी.
4. घूर्णन (रिवोल्यूशन) अवधि	27.3217 दिन
5. औसत/इष्टतम/निम्नतम कक्षीय गति	1.023/1.076/0.964 कि.मी. प्रति सेकंड
6. पृथ्वी भूमध्यरेखा पर इसका कक्षीय झुकाव	18.28 से 28.58°
7. कक्षीय उत्केंद्रता	0.0549

चंद्रमा/पृथ्वी गणकों की तुलना

गणक	*चंद्रमा*	*पृथ्वी*	*अनुपात*
1. भार ($\times 10^{24}$ कि.ग्रा.)	0.07349	5.9736	0.0123
2. आयतन ($\times 10^{10}$ कि.मी.^{3})	2.1958	108.321	0.0203
3. भूमध्यरेखीय अर्द्धव्यास (कि.मी.)	1738.1	6378.1	0.2725
4. ध्रुवीय अर्द्धव्यास (कि.मी.)	1736.0	6356.8	0.2731
5. औसत घनत्व (कि.ग्रा./मी.^{3})	3350	5515	0.607
6. सतही गुरुत्व (मी./से.^{2})	1.62	9.80	0.165
7. पलायन गति (कि.मी./से.)	2.38	11.2	0.213

वायुमंडल

1. दैनिक तापमान रेंज	>	100 से 400° केल्विन (-250 से 250° फारेनहाइट
2. वायुमंडल का कुल भार	~	25,000 कि.ग्रा.
3. सतही दाब	:	3×10^{-15} बार

वायुमंडलीय संरचना (कण प्रति घन सें.मी.)

1. हीलियम 4	40,000

2. नियोन 20	40,000
3. हाइड्रोजन	35,000
4. आर्गन 40	30,000
5. नियोन 22	5,000
6. आर्गन 36	2,000
7. मीथेन	1,000
8. अमोनिया	1,000
9. कार्बन डाइऑक्साइड	1,000

चंद्रयान-I मिशन के उद्देश्य

वस्तुतः 'चंद्रयान-1' मिशन भारत का प्रथम चंद्र मिशन है। इसे दृश्य इन्फ्रारेड समीप, एक्स-किरण और निम्न ऊर्जा गामा-किरण स्पेक्ट्रमी क्षेत्रों में चंद्र सतह के लक्षणों को उच्च विभेदन सुदूर संवेदन द्वारा संपन्न किया जाएगा। चंद्रयान-मिशन के उद्देश्य निम्नवत् हैं—

1. त्रिआयामी दृश्यों में उच्च विभेदन मानचित्रण द्वारा चंद्र सतह के टोपोग्राफिक अभिलक्षणों का पता लगाना, सुदूर संवेदन नीतभारों द्वारा विभिन्न खनिजों एवं रासायनिक तत्त्व प्रजातियों का संपूर्ण चंद्र सतह पर पता करना। विभिन्न प्रकार के नए आँकड़े सामान्य रूप में सौर तंत्र के उद्भव, विकास तथा विशिष्ट रूप में चंद्रमा के उद्भव और विकास के गूढ़ रहस्यों को उजागर करेंगे। रासायनिक और खनिजीय मानचित्रण में शामिल हैं—मैग्नीशियम, एल्यूमीनियम, सिलिकन, कैल्सियम, आयरन, टाइटेनियम तथा उच्च परमाणुवीय संख्यावाले रासायनिक तत्त्वों—रेडोन, यूरेनियम और थोरियम की उपलब्धता ज्ञात करना।
2. मिशन लक्ष्य की प्राप्ति में वैज्ञानिक नीतभारों, चंद्र अंतरिक्ष यान और प्रमोचन यान के निर्माण तथा समुचित ग्राउंड सपोर्ट तंत्र के साथ मिशन संचालन जिसमें सम्मिलित हैं—डीप स्पेस नेटवर्क स्टेशन, एकीकरण और टेस्टिंग, प्रमोचन तथा 100 कि.मी. की चंद्र कक्षा तक उत्थापन, विभिन्न परीक्षणों का इन-ऑर्बिट प्रचालन, संचार, दूरमिति डाटा अभिग्रहण, वैज्ञानिकों के निर्धारित ग्रुप द्वारा भंडारण एवं शीघ्र वीक्षण।

अध्ययनों के विशिष्ट क्षेत्र

- चंद्रमा के स्थायी तरीके से अस्पष्ट रूप से छायित (शैडोड) उत्तरी और दक्षिणी ध्रुवीय क्षेत्रों का उच्च विभेदन के साथ खनिजीय (मिनरेलॉजिकल) और रासायनिक प्रतिबिंबन।
- चंद्र सतह पर और विशेषकर चंद्र ध्रुवों पर जल-बर्फ की खोज।
- चंद्र उच्च स्थलीय चट्टानों के रासायनिक तत्त्वों का पता लगाना।
- चंद्र सतह के दक्षिण ध्रुवीय एटकेन क्षेत्र और केंद्रीय उच्च भू-भाग के विशालकाय चंद्र क्रेटरों का रासायनिक स्तर विन्यास (स्ट्रैटोग्राफी)।
- चंद्रयान-I उपग्रह ट्रैक में चंद्र से संबंधित ऊँचाई परिवर्तन का मानचित्रण।
- चंद्रमा के उद्भव और विकास प्रक्रिया को समझने के लिए चंद्र सतह का एक्स-किरण (10 किलो इलेक्ट्रॉन वोल्ट से अधिक ऊर्जा) प्रेक्षण तथा चंद्र सतह के अधिकांश भाग का 5 मीटर विभेदन में स्टीरियोग्राफिक कवरेज। चंद्रयान-I के प्रमोचन के विभिन्न चरण चित्र-59 में दरशाए गए हैं।

चंद्रमा पर उपलब्ध उपयोगी तत्त्व

चंद्र सतह पर उपलब्ध पत्थरों के नमूनों के विश्लेषण से विदित हुआ है कि

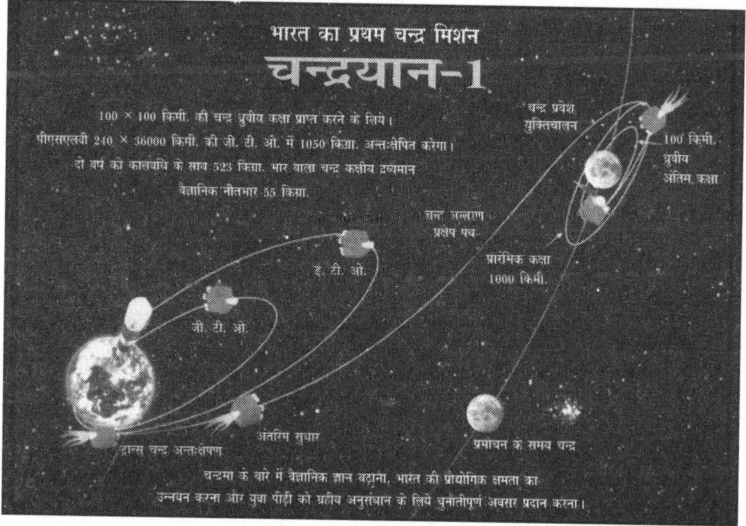

चित्र-59 : चंद्रयान-I के प्रमोचन कै विभिन्न चरण।

वहाँ कैल्सियम, एल्युमीनियम तथा टाइटेनियम प्रचुर मात्रा में उपलब्ध हैं। सिलिकन तथा ऑक्सीजन भी बहुत मात्रा में विद्यमान हैं। चंद्र सतह पर हीलियम की प्रचुरता है। इसी प्रकार चंद्र सतह के पत्थरों में रेडियोधर्मी घटकों की भी प्रचुरता है। अपोलो मिशनों के दौरान चंद्र सतह के नमूनों के परीक्षण से ज्ञात हुआ है कि चंद्र सतह की प्राचीनतम सामग्री उतनी ही पुरानी है जितना कि हमारा सौरमंडल।

चित्र-60 चंद्रयान-1 का क्षेत्र मानचित्रण त्रिविम कैमरा।

जनवरी 1998 में प्रमोचित चंद्र मिशन प्रॉस्पेक्टर ने चंद्र सतह पर थोरियम, पोटैशियम और दूसरे रेडियोएक्टिव व स्थायी अवयव फेरस तथा टाइटेनियम की पुष्टि की। चंद्र मिशन क्लीमेंटाइन द्वारा चंद्रमा के अँधेरे रूप में रहनेवाले ध्रुवीय भागों में जमे हुए पानी के होने का आभास किया गया है। चंद्रयान-I के क्षेत्र मानचित्रण त्रिविम कैमरे को चित्र-60 में दरशाया गया है।

चंद्रयान-I के वैज्ञानिक उपकरण

चंद्रयान-I अंतरिक्ष यान में कुल 11 वैज्ञानिक उपकरण सारणी-12 में दिए गए हैं। इन वैज्ञानिक उपकरणों का विस्तृत विवरण भी निम्नवत् है—

सारणी-12

चंद्रयान-I के विविध उपकरण

स्वदेश में विकसित

1. क्षेत्र मानचित्रण कैमरा (टी.एम.सी.—टेरेन मैपिंग कैमरा)

भू-विभेदन	5 मीटर
प्रमार्ज (स्वैथ)	40 कि.मी.
स्पेक्ट्रमी बैंड	पैनक्रोमेटिक

2. अत्यंत स्पेक्ट्रमी प्रतिबिंबन कैमरा (हाई-सी-हाइपर स्पेक्ट्रल इमेजिंग कैमरा)

भू-विभेदन	80 मीटर
प्रमार्ज	40 कि.मी.
स्पेक्ट्रमी रेंज	400-900 नैनोमीटर

स्पेक्ट्रमी बैंडों की संख्या	32
स्पेक्ट्रमी विभेदन	1.5 नैनोमीटर

3. चंद्र लेजर रेजिंग उपकरण (एल.एल.आर.आई.—ल्युनर लेजर रेजिंग इंस्ट्रूमेंट)

स्पंद आवर्ती दर	1 हट्‌र्ज
दूरबीन	15 सें.मी. व्यास (परावर्तनशील)
स्पंद चौड़ाई	10 नैनो से.
ऊर्ध्व विभेदन	10 मीटर

4. उच्च ऊर्जा एक्स-किरण स्पेक्ट्रममापी (हेक्स-हाई एनर्जी एक्स-रे स्पेक्ट्रोमीटर)

आकाशीय विभेदन	40 कि. मी.
ऊर्जा क्षेत्र	30-270 कि. इलेक्ट्रॉन वोल्ट
संसूचक	कैडमियम-जिंक-टेलुराइड

5. चंद्र आघात अन्वेषिका (एम.आई.पी.—मून इंपैक्ट प्रोब)

अंतरराष्ट्रीय नीतभार

6. चंद्रयान-I प्रतिबिंबन एक्स-किरण स्पेक्ट्रममापी (सी.आई.एक्स.एस.—चंद्रयान-I इमेजिंग एक्स-रे स्पेक्ट्रोमीटर)—यह ब्रिटेन की रुदरफोर्ड अपल्टन प्रयोगशाला तथा इसरो के सहयोग से बनाया गया है। यह चंद्र सतह पर सिलिकन, एल्यूमीनियम, मैग्नीशियम, कैल्सियम, टाइटेनियम की प्रचुरता का मानचित्रण करेगा।
7. निकट अवरक्त स्पेक्ट्रममापी (एस.आई.आर.-2 नियर इंफ्रारेड स्पेक्ट्रोमीटर)—यह उपकरण इन्फ्रारेड ग्रेटिंग स्पेक्ट्रममापी के द्वारा चंद्र सतह की खनिज संरचना का मानचित्रण करेगा। इसे मैक्स प्लैंक इंस्टीट्यूट, जर्मनी ने बनाया है।
8. सब किलो इलेक्ट्रॉन वोल्ट परमाणु परावर्तन विश्लेषक (सारा-सब के. ई. वी. एटम रिलेक्टिंग एनालाइजर)—इसे इसरो के विक्रम साराभाई अंतरिक्ष केंद्र तथा स्वीडिश अंतरिक्ष भौतिकी संस्थान के द्वारा संयुक्त रूप से बनाया गया है। यह भी सतही संरचना का मानचित्रण करेगा।
9. विकिरण मात्रा मॉनीटरन परीक्षण (रैडोम—रेडिएशन डोज मॉनीटर एक्सपेरीमेंट)—इसका निर्माण बल्गेरिया की विज्ञान अकादमी ने किया है। यह विकिरण मात्रा का मॉनीटरन करेगा।
10. लघु संश्लेषी द्वारक रेडार (मिनी सारमिनिएचर सिंथेटिक अपरचर रेडार)—इसका निर्माण जॉन हॉपकिंस विश्वविद्यालय की प्रयुक्त भौतिकी प्रयोगशाला

के द्वारा किया गया है। यह चंद्रमा के ध्रुवीय क्षेत्रों में जल-बर्फ का पता लगाने के लिए रेडार बिखराव (स्कैटरिंग) और प्रतिबिंबन जाँच करेगा।

11. चंद्र खनिज विज्ञान मानचित्रक (एम. क्यूब. मून मिनरेलॉजी मैपर)—यह एक प्रतिबिंबन स्पेक्ट्रम मीटर है, जिसका डिजाइन चंद्र सतह की खनिज संरचना का मानचित्रण करने के लिए किया गया है। इस उपकरण का प्रमुख वैज्ञानिक लक्ष्य चंद्र क्रस्ट और इसके मैंटल के उद्भव व विकास के संदर्भ में उच्च विभेदन के साथ चंद्र सतह के खनिज स्रोतों का आकलन करना है।

चंद्रयान-I मिशन के संचालन हेतु प्रयुक्त भू-खंड (ग्राउंड सेगमेंट) एवं डीप स्पेस नेटवर्क

भारत के निम्न भूकक्षीय उपग्रहों का नियंत्रण बंगलौर, लखनऊ और मॉरीशस स्थित इसरो के दूरमिति, अनुवर्तन और कमांड नेटवर्क स्टेशनों द्वारा किया जाता है। मिशन की आवश्यकतानुसार बियाक (इंडोनेशिया) और बियर्सलेक (रूस) के नेटवर्क स्टेशन भी सहयोग प्रदान करते हैं। वर्तमान में उपलब्ध इसरो के दूरमिति, अनुवर्तन और कमांड नेटवर्क (आइस्ट्रैक) स्टेशनों (बंगलौर, लखनऊ, मॉरीशस और बियर्सलेक) ने भूस्थिर (जी.ई.ओ.) ट्रांसफर कक्षा और भू-ट्रांसफर कक्षा (1,00,000 कि.मी.) के दौरान सहयोग प्रदान किया। इन सभी एंटेना तंत्रों का संरूपण दो कैरियर अभिग्रहण के लिए एस-बैंड आवृत्ति में किया गया है। इन्हें डेडीकेटेड (एकनिष्ठ) संचार लिंकों द्वारा उपग्रह नियंत्रण केंद्र से जोड़ दिया गया है। चंद्रयान-I का संपूर्ण भूखंड (ग्राउंड सेगमेंट) चित्र-61 में दिखाया गया है।

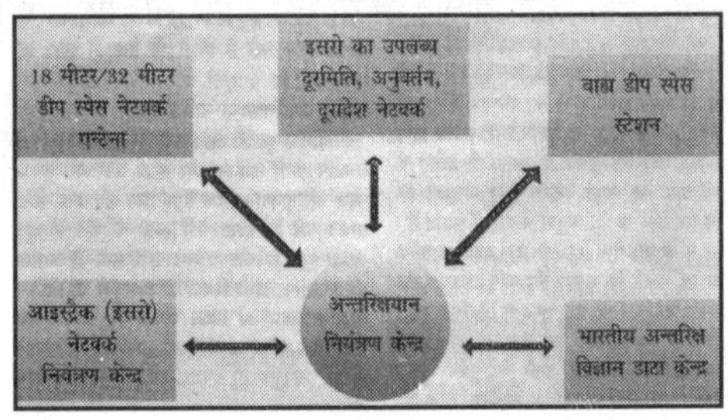

चित्र-61 : चंद्रयान-I का संपूर्ण ग्राउंड सेगमेंट।

चित्र-62 : ब्यालालू स्थित 18 मीटर व्यास वाला डीप स्पेस।

डीप स्पेस नेटवर्क में दो पूर्णतया कर्णनीय (स्टीयरेबल) एंटेना बंगलौर के पास ब्यालालू

चित्र-63 : 32 मीटर व्यास वाला डीप स्पेस।

स्थान पर स्थापित किए गए हैं। एक एंटेना का व्यास 18 मीटर (चित्र-62) तथा दूसरे का 32 मीटर (चित्र-63) है। नेटवर्क को बियर्सलेक और ए.पी.एल/जे.पी.एल., अमेरिका के स्टेशनों के साथ परिवर्द्धित किया गया है, जिससे कि दृष्टि गोचरता (Visibility) अवधि बढ़ाई जा सके।

इसरो के दूरमिति, अनुवर्तन और कमांड (आईस्ट्रैक) केंद्र के अनुसार 'आई.एस.डी.एन.' तंत्र का भली-भाँति परीक्षण किया गया है। चंद्रयान-I की तैयारी के साथ-साथ आई.एस.डी.एन. तंत्र ने सफलतापूर्वक जापानी चंद्र मिशन सेलीन (कोगुया) का अनुवर्तन किया, जो कि आई.एस.डी. एन. नेटवर्क की जाँच के रूप में किया गया। सेलीना अंतरिक्ष यान का प्रमोचन वर्ष 2007 में किया गया था और वर्तमान में यह चंद्रमा का चक्कर लगा रहा है। चंद्रयान-I का अंतरिक्ष यान नियंत्रण केंद्र उत्तरी बंगलौर में आईस्ट्रैक (चित्र-64) के परिसर में स्थित है तथा यह मिशन के सभी चरणों में चंद्रयान-I की सभी प्रचालन गतिविधियों के लिए प्रमुख केंद्र है।

चित्र-64 : इसरो का आईस्ट्रैक केंद्र।

चंद्रयान-I अंतरिक्ष यान

वस्तुतः चंद्रयान-I भारतीय अंतरिक्ष अनुसंधान संगठन (इसरो) का एक महत्त्वपूर्ण मिशन है, जिसका डिजाइन इस प्रकार किया गया है कि यह दो वर्ष तक चंद्रमा का चक्कर लगाते हुए भारत की तकनीकी क्षमताओं को प्रदर्शित कर सके तथा चंद्र सतह की सूचना एकत्रित कर सके। चंद्रयान-I एक घनाकार अंतरिक्ष यान है, जिसका

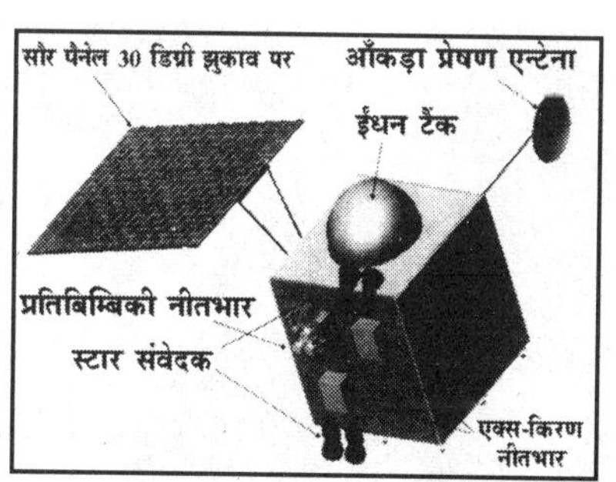

चित्र-65 : चंद्रयान-1 अंतरिक्ष यान

डिजाइन भारत के कल्पना-1 मौसम विज्ञानी उपग्रह से मिलता-जुलता है। चंद्रयान-I को नियंत्रित करने के लिए पृथ्वी के नियंत्रण केंद्र से सिग्नल एस-बैंड आवृत्ति में तथा विज्ञानी डाटा का प्रेषण (अंतरिक्ष यान से पृथ्वी के नियंत्रण केंद्र के लिए) एक्स-बैंड आवृत्ति में किया जाएगा।

वस्तुत: 2,000 से 4,000 मेगाहर्ट्ज आवृत्ति को एस-बैंड तथा 8,000 से 12,000 हर्ट्ज आवृत्ति को एक्स बैंड कहते हैं। चंद्रयान में लगे विभिन्न उपकरणों से प्राप्त आँकड़ों को रिकॉर्ड करने के लिए इसमें 30 ठोसावस्था रिकॉर्डर लगे हुए हैं, जिनकी संचयन क्षमता क्रमश: 32 गीगाबिट, 8 गीगाबिट और 10 गीगाबिट है। चंद्रयान-I अंतरिक्ष यान को चित्र-65 में दिखाया गया है।

अंतरिक्ष यान चंद्रयान-I के विभिन्न तकनीकी गणक निम्नवत् हैं—

1. अंतरिक्ष यान का आकार 1.5 मीटर भुजावाला धन होगा।
2. प्रमोचन के समय अंतरिक्ष यान का भार 1,304 कि.ग्रा. तथा चंद्र कक्षा में 590 कि.ग्रा. होगा।
3. अंतरिक्ष यान के अंदर 11 वैज्ञानिक नीतभार स्थापित रहेंगे।
4. अंतरिक्ष यान-3 अक्षीय भार संतुलित होगा, जिसमें 2 स्टार संवेदक, जाइरो और 4 प्रतिक्रिया चक्र होंगे।
5. अंतरिक्ष यान में पावर जनन एक साइडवाले झुकावदार सौर एरे द्वारा किया जाएगा, जो मिशन के विभिन्न चरणों में अंतरिक्ष यान को पावर प्रदान करेगा। यह प्रस्तरणीय सौर एरे 700 वाट की चरम पावर उत्पन्न करेगा। सूर्यग्रहण के समय लीथियम आयन बैटरी पावर प्रदान करेंगी।
6. सौर एरे के प्रस्तरण के बाद इसे 30° झुका दिया जाएगा।
7. नीतभार के डाटा प्रेषण के लिए एक्स बैंड में काम करनेवाले 0.7 मीटर

चित्र-66 : चंद्रयान-1 द्वारा लिया गया पृथ्वी का चित्र।

के एंटेना का प्रयोग किया जाएगा।

8. चंद्र कक्षा का चक्कर लगाते समय द्वि-नोदक एकीकृत नोदन तंत्र का प्रयोग किया जाएगा, जिसके द्वारा यह चंद्र कक्षा में पहुँचेगा तथा निर्धारित ऊँचाई बनाई जाएगी।
9. दूरमिति, अनुवर्तन और दूरादेश संचार एस बैंड आवृत्ति में हैं।
10. अंतरिक्ष यान में डाटा रिकॉर्डिंग के लिए 3 ठोसावस्था रिकॉर्डर हैं जिनकी क्षमताएँ हैं—32 गीगाबिट, 8 गीगाबिट तथा 10 गीगाबिट।
11. नोदन तंत्र में दो वर्ष की मिशन अवधि के लिए समुचित मार्जिन के साथ नोदक उपलब्ध होगा।

चंद्रयान-I को पृथ्वी जैसी दिखती है, उसे चित्र-66 में वर्णित किया गया है।

चंद्रयान-I-I का प्रमोचन यान

चंद्रयान के प्रमोचन के लिए इसरो के पी.एस.एल.वी. (ध्रुवीय उपग्रह प्रमोचन यान) का प्रयोग किया गया। पी.एस.एल.वी. रॉकेट की इस उड़ान का नाम था पी.एस.एल.वी.-सी 2। इसरो ने पी.एस.एल.वी. का निर्माण सन् 1990 के दशक में किया था। 45 मीटर लंबे तथा उड़ान भरने के समय 295 टन भारवाले पी.एस.एल.वी. की प्रथम उड़ान 15 अक्तूबर, 1994 को संपन्न हुई, जब इसने भारत के सुदूर संवेदन उपग्रह आई.आर.एस.पी.-2 को ध्रुवीय सूर्य समकालिक कक्षा (820 कि.मी. वाली) में स्थापित किया। सन् 1996 से 2005 के बीच इसने छह और भारतीय सुदूर संवेदन उपग्रहों का प्रमोचन किया और इसके साथ हेमसैट-एक माइक्रो उपग्रह, जिसका निर्माण इसरो ने हैम रेडियो संचार के लिए किया, भी शामिल था।

इसी अवधि में पी.एस.एल.वी. ने चार विदेशी उपग्रहों—जर्मनी के 'डी.एल.आर. बर्ड' एवं 'टबसैट', बेल्जियम के 'प्रोबा' और कोरिया गणराज्य के 'किटसैट' का भी प्रमोचन किया। 10 जनवरी, 2007 को पी.एस.एल.वी. प्रमोचन यान ने एक साथ चार उपग्रह स्पेस रिकवरी कैप्सूल, कार्टोसैट-2, इंडोनेशिया के 'लपान-टबसैट' और अर्जेंटाइना के 'पेहुनसैट-1' उपग्रह का प्रमोचन किया। इजराइल के उपग्रह 'टेकसार' का प्रमोचन भी 21 जनवरी, 2008 को पी.एस.एल.वी. प्रमोचन यान के द्वारा किया गया। 28 अप्रैल, 2008 को पी.एस.एल.वी. प्रमोचन रॉकेट ने एक महान् इतिहास रचा, जब इसके द्वारा एक साथ दस उपग्रहों—भारत के उपग्रह कार्टोसैट-2 ए और आई.एम.एस.-1 तथा 8 विदेशी नैनो उपग्रहों का प्रमोचन किया गया।

इसी प्रकार पी.एस.एल.वी. की सफलता को देखते हुए चंद्रयान-I मिशन को पी.एस.एल.वी.-सी-2 (चित्र-67) के द्वारा प्रमोचित किया गया। चंद्रयान-I को पी.एस.एल.वी. प्रमोचन यान ने 240 × 24,000 कि.मी. की कक्षा में स्थापित किया। पी.एस.एल.वी.-सी-11 उड़ान के विभिन्न आँकड़े सारणी-13 में दिए गए हैं।

सारणी-13

पी.एस.एल.वी.-सी 11 उड़ान के विभिन्न तकनीकी आँकड़े

गणक	*स्टेज-1*	*स्टेज-2*	*स्टेज-3*	*स्टेज-4*
	कोर (पीएस-1) + 6 स्ट्रैप-आन्स	पीएस-2	पीएस-3	पीएस-4
1. नोदक	ठोस एचटीपीबी आधारित	द्रव यू एच 25 +N204	ठोस एचटीपीबी	द्वि-नोदक एम एम एच +MPN-3
2. भार (टन)	138.8+6×12	41.5	7.6	2.6
3. इष्टम प्रणोद (कि. न्यूटन)	4910.0 6 × 720	800	246	7.31 × 12
4. प्रज्वलन समय (से.)	98 49	147	107.6	525

चित्र-67 : प्रमोचन पैड पर पी.एस.एल.वी. सी-2 प्रमोचन यान।

5.	स्टेज का व्यास (मी.)	2.8 1.0	2.8	2.0	2.8
6.	स्टेज की लंबाई (मी.)	20.2 12.4	11.9	3.6	2.9
7.	नियंत्रण	'पिच' और 'या' के लिए एस.आई. टी.वी.सी. 'रोल' के लिए प्रतिक्रिया नियंत्रक प्रणोदक, रोल नियंत्रण के लिए एस.आई.टी. वी.सी.	'पिच' और 'या' के लिए इंजन गिंबल रोल नियंत्रण के लिए गरम गैस प्रतिक्रिया नियंत्रण मोटर	'पिच' और 'या' फ्लेक्स नाजल 'रोल' के लिए प्रतिक्रिया नियंत्रण तंत्र	'पिच'

चंद्रयान के लिए प्रमोचित मिशन—पचास वर्षों में

विगत पचास वर्षों में चंद्रमा के लिए प्रमोचित विभिन्न मिशन (वर्ष 1958 से 2008 तक) का विवरण सारणी-14 में दिया गया है—

सारणी-14

विगत पचास वर्षों में चंद्रमा के लिए प्रमोचित मिशन

क्रम	*मिशन*	*क्रम*	*मिशन*
1.	पायनियर 0 (1958)	2.	पायनियर-1
3.	पायनियर-3	4.	ल्यूना-1
5.	पायनियर-4	6.	ल्यूना-2
7.	ल्यूना-3	8.	रेंजर-3
9.	रेंजर-4	10.	रेंजर-5
11.	ल्यूना-4	12.	रेंजर-6
13.	रेंजर-7	14.	रेंजर-8
15.	रेंजर-9	16.	ल्यूना-5
17.	ल्यूना-6	18.	जोंड-3
19.	ल्यूना-7	20.	ल्यूना-8
21.	ल्यूना-9	22.	ल्यूना-10
23.	सर्वेयर-1	24.	ल्यूनर ऑर्बिटर-1
25.	ल्यूना-11	26.	सर्वेयर-2

27. ल्यूना-12
28. ल्यूनर ऑर्बिटर-2
29. ल्यूना-13
30. ल्यूनर ऑर्बिटर-3
31. सर्वेयर-3
32. ल्यूनर ऑर्बिटर-4
33. सर्वेयर-4
34. एक्सप्लोरर-35
35. ल्यूनर ऑर्बिटर-5
36. सर्वेयर-5
37. सर्वेयर-6
38. सर्वेयर-7
39. ल्यूना-14
40. जोंड-5
41. जोंड-6
42. अपोलो-8
43. अपोलो-10
44. ल्यूना-15
45. अपोलो-11
46. जोंड-7
47. अपोलो-12
48. अपोलो-13
49. ल्यूना-16
50. जोंड-8
51. ल्यूना-17
52. अपोलो-14
53. अपोलो-15
54. ल्यूना-18
55. ल्यूना-19
56. ल्यूना-20
57. अपोलो-16
58. अपोलो-17
59. ल्यूना-21
60. ल्यूना-22
61. ल्यूना-23
62. ल्यूना-24
63. म्यूसेस-ए
64. गैलीलियो
65. क्लीमेंटाइन
66. ल्यूनर प्रॉस्पेक्टर
67. स्मार्ट-1
68. हिटेन
69. एच.जी.एस.-1
70. चैंजे-1
71. सेलीन (कागुया)
72. चंद्रयान-I (2008)

चंद्र अन्वेषण अभियान की भावी योजना

चंद्रयान-I के बाद भारत की भावी चंद्र अन्वेषण योजना चंद्रयान-2 है, जो सन् 2010 या 2011 के लिए प्रस्तावित है। चंद्रयान-2 परियोजना में एक मोटर-चालित चंद्र बग्घी (रोवर) चंद्र सतह पर उतारने का प्रस्ताव है।

यह रोवर चंद्र सतह पर पहियों द्वारा घूमेगा तथा मृदा और चट्टानों के नमूने एकत्र करके उनकी जाँच करने के बाद प्राप्त परिणामों को 'मदर अंतरिक्ष यान' चंद्रयान-2 को भेजेगा। चंद्रयान-I से प्राप्त आँकड़ों के आधार पर यह सुनिश्चित किया जाएगा कि चंद्र सतह पर रोवर कहाँ उतरेगा। इस रोवर का भार 30 से 100

कि.ग्रा. के मध्य होगा। रोवर का डिजाइन इस प्रकार होगा कि यह चंद्र सतह पर दो-तीन महीने प्रचालित रहेगा। बैटरी बैकअप का प्रावधान भी इसमें होगा। जब सूर्य की किरणें रोवर के सौर सेलों पर पड़ेंगी तो बैटरी चार्ज हो जाएगी और उपकरण 'ऑन' हो जाएँगे तथा रोवर काम करने लगेगा।

चंद्रयान-I अंतरिक्ष यान के गन्तव्य तक पहुँचने के विभिन्न चरण

23 अक्तूबर, 2008—चंद्रयान-I का प्रथम कक्षीय उत्थापन मैनूवर (प्रसाधन/युक्ति चालन) 23 अक्तूबर, 2008 को भारतीय समयानुसार 9 बजे किया गया, जब 440 न्यूटन शक्तिवाला द्रव इंजन आइस्ट्रैक बंगलौर के इसरो केंद्र द्वारा भेजी गई कमांड से 18 मिनट तक प्रज्वलित किया गया। इस प्रज्वलन से चंद्रयान-I की अपोजी 37,900 कि.मी. तथा पेरिजी 305 कि.मी. हो गया। इस कक्षा में रहकर चंद्रयान-I पृथ्वी का एक चक्कर 11 घंटे में लगाता था।

25 अक्तूबर, 2008—'चंद्रयान-I' का द्वितीय कक्षीय उत्थापन 25 अक्तूबर, 2008 को भारतीय समयानुसार सुबह 5 बजकर 48 मिनट पर संपन्न किया गया। इसके लिए उपर्युक्त द्रव इंजन का प्रज्वलन 16 मिनट के लिए किया गया, जिसके फलस्वरूप 'चंद्रयान-I' 336 कि.मी. × 74,715 कि.मी. वाली कक्षा में स्थापित हो गया। इस कक्षा में रहकर चंद्रयान-I 25½ में पृथ्वी का एक चक्कर लगा रहा था। वस्तुत: यह पहला अवसर था, जब भारत का कोई भी उपग्रह/अंतरिक्ष यान 36,000 कि.मी. वाली भू-स्थिर कक्षा के बाहर स्थापित किया गया हो।

26 अक्तूबर, 2008—कक्षीय उत्थापन का तीसरा मैनूवर 26 अक्तूबर, 2008 को भारतीय समयानुसार प्रात: 7 बजकर 8 मिनट पर किया गया तथा द्रव इंजन केवल 9½ मिनट के लिए प्रज्वलित किया गया। इस प्रज्वलन से चंद्रयान-1 348 कि.मी. × 16,400 कि.मी. वाली कक्षा में पहुँच गया और पृथ्वी का एक चक्कर लगाने में 73 घंटे का समय लेने लगा तथा 'डीप स्पेस' क्षेत्र में पहुँच गया। इस कक्षा में पहुँचने के बाद 'चंद्रयान' के लिए बंगलौर के पास निर्मित ब्यालानू में डीप स्पेस नेटवर्क की भूमिका प्रारंभ हो गई।

29 अक्तूबर, 2008—इस दिन प्रात: 7 बजकर 38 मिनट पर 'चंद्रयान-I' के चौथे कक्षीय उत्थापन का कार्य संपन्न किया गया तथा द्रव इंजन 3 मिनट के लिए प्रज्वलित किया गया। चंद्रयान की कक्षा 465 कि.मी. × 2,67,000 कि.मी. हो गई।

4 नवंबर, 2008—'चंद्रयान-।' अंतरिक्ष यान का पाँचवाँ और अंतिम

कक्षीय उत्थापन 4 नवंबर, 2008 को भारतीय समयानुसार 4 बजकर 56 मिनट पर संपन्न किया गया। इस मैनूवर (प्रसाधन) के दौरान 440 न्यूटन शक्तिवाली द्रव मोटर इंजन का प्रज्वलन 2½ मिनट के लिए किया गया। इसके साथ ही 'चंद्रयान-I' ने चंद्र ट्रांसफर परिपथ (ट्रैजेक्टरी) में प्रवेश किया, जिसकी अपोजी लगभग 3,80,000 कि.मी. थी।

8 नवंबर, 2008—8 नवंबर, 2008 को 'चंद्रयान-I' मिशन का सबसे बड़ा और जटिल ऑपरेशन (भारतीय समयानुसार सायं 4 बजकर 51 मिनट पर) था। चंद्रकक्षा प्रवेश प्रसाधन (मैनूवर) क्या द्रव इंजन का प्रचालन 817 सेकंड के लिए किया गया। इसके परिणामस्वरूप पहली बार भारत में निर्मित कोई अंतरिक्ष यान पृथ्वी के गुरुत्व क्षेत्र से हटकर चंद्र गुरुत्व क्षेत्र में प्रवेश कर गया। भारत के लिए यह क्षण एक महान् ऐतिहासिक क्षण था। इस ऐतिहासिक क्षण की जटिल प्रक्रिया को भारतीय डीप स्पेस नेटवर्क के 18 मीटर और 32 मीटर व्यासवाले ग्राउंड टर्मिनलों की लगातार सपोर्ट और मॉनीटरन द्वारा संपन्न किया गया। इस जटिल ऑपरेशन के परिणामस्वरूप चंद्रयान-I चंद्रमा के चारों ओर 504 कि.मी. × 7,502 (अपोजी) वाली कक्षा में घूमने लगा तथा उस समय यह चंद्रमा की एक परिक्रमा करने में 11 घंटे का समय ले रहा था। चंद्रयान-I के सभी तंत्रों/उपतंत्रों का निष्पादन सामान्य है।

9 नवंबर, 2008—पहली बार 'चंद्रयान-I' की चंद्र कक्षा की ऊँचाई को घटाने के काम को भारतीय समय के अनुसार 9 बजकर 11 मिनट पर सफलतापूर्वक किया गया, जिसके कारण 'चंद्रयान-I' की पेरिजी 504 कि.मी. से घटकर 200 कि.मी. हो गई तथा अपोजी 7,502 कि.मी. ही थी और चंद्र कक्षा 200 कि.मी. × 7,502 कि.मी. हो गई।

12 नवंबर, 2008—इस दिन 'चंद्रयान-I' सफलतापूर्वक अपनी निर्धारित चंद्र कक्षा 100 × 100 कि.मी. पर पहुँच गया। यह कार्य पिछले तीन दिनों में 3-कक्षीय ऊँचाइयों को 3 मैनूवरों द्वारा कम करके संपन्न किया गया। इन तीन मैनूवरों में 440 न्यूटन शक्तिवाले द्रव इंजन को कुल मिलाकर 16 मिनट के लिए प्रज्वलित किया गया। इसके कारण चंद्र सतह से 'चंद्रयान-I' की इष्टतम दूरी पहले 7,302 कि.मी. से घटकर 255 कि.मी. तथा अंत में 100 कि.मी. हो गई।

14 नवंबर, 2008—इस दिन भारतीय अंतरिक्ष कार्यक्रम ने एक महान् उपलब्धि अर्जित की, जब इस दिन पं. जवाहरलाल नेहरू के जन्म-दिवस पर भारतीय तिरंगे झंडे को चंद्र सतह पर स्थापित किया गया। चंद्र आघात प्रोब

(एम.आई.पी.) की साइडों पर भारतीय झंडा बनाया गया था, जिसने सफलतापूर्वक भारतीय समयानुसार रात्रि को 8 बजकर 31 मिनट पर चंद्र सतह को स्पर्श किया। यह भारत निर्मित प्रथम पिंड था, जो चंद्र सतह पर पहुँचा। एम.आई.पी. का चंद्र सतह पर आघात बिंदु चंद्रमा के दक्षिणी ध्रुव के पास था। वस्तुत: यह हर्ष का विषय है कि आधुनिक भारतीय अंतरिक्ष कार्यक्रम का शुभारंभ सन् 1962 में तत्कालीन प्रधानमंत्री पं. जवाहरलाल नेहरू द्वारा किया गया था। एम.आई.पी. में तीन उपकरण—वीडियो प्रतिबिंबन तंत्र, रेडार तुत्रंतामापी उपकरण ने एम.आई.पी. के चंद्र सतह पर उतरने की गति का मापन किया तथा द्रव्य स्पेक्ट्रोमीटर ने चंद्रमा के पतले वायुमंडल के विभिन्न गणकों का मापन किया। 'चंद्रयान-I' से एम.आई.पी. प्रोब रात्रि में 8 बजकर 6 मिनट पर जारी हुई तथा 25 मिनट की यात्रा के बाद इस प्रोब ने रात्रि में 8 बजकर 31 मिनट पर चंद्र सतह को स्पर्श किया।

□

कृत्रिम उपग्रहों के प्रकार

वस्तुतः कृत्रिम उपग्रह सात प्रकार के होते हैं, जो निम्नवत् हैं—

1. **संचार उपग्रह**—संचार उपग्रहों द्वारा पृथ्वी पर हजारों कि.मी. दूर स्थित विभिन्न केंद्रों के मध्य रेडियो एवं टेलीविजन तथा अन्य सिग्नलों को प्राप्त किया जाता है। संचार उपग्रह पृथ्वी की परिक्रमा 24 घंटे में करते हैं। संचार उपग्रह पृथ्वी के भूभाग विशेष को निरंतर परिदृश्य करते रहते हैं एवं उस भाग विशेष के किसी भी स्थान से किसी अन्य स्थान का टेलीविजन, दूरभाष संपर्क करने के लिए तत्पर रहते हैं।
2. **वैज्ञानिक उपग्रह**—वैज्ञानिक उपग्रहों द्वारा सूर्य द्वारा प्रदत्त ऊर्जा, आयन मंडल में सूर्य के अस्त होने से होनेवाले परिवर्तन; मंगल, शुक्र, गुरु (बृहस्पति) आदि ग्रहों के चारों ओर का वातावरण आदि के विषयों में जानकारी प्राप्त की जाती है।
3. **मौसमी उपग्रह**—मौसम संबंधी सूचनाओं के लिए वायुमंडलीय परिस्थितियों का अध्ययन करनेवाले पार्थिव उपग्रहों को मौसमी उपग्रह कहते हैं। मौसम संबंधी सटीक पूर्व जानकारी देने के कारण ये उपग्रह प्राकृतिक विपदाओं का सामना करने में सहायक होते हैं।
4. **मेरीसैट उपग्रह**—यह उपग्रह समुद्री जलयानों के नाविकों को संकट की प्रत्येक घड़ी में रेडियो संकेतों द्वारा दिशा ज्ञान और निर्देश देते हैं। इस प्रकार के उपग्रहों से वे दूसरे जलयानों के नाविकों एवं अपने मुख्यालय से भी संपर्क कर सकते हैं।
5. **दूरसंवेदी उपग्रह**—दूरसंवेदी उपग्रह की सहायता से पृथ्वी की सतह पर स्थित किसी भी वस्तु से उत्पन्न होनेवाले अथवा प्रतिबिंबित होने

वाले विकिरणों को प्रकाश एवं इन्फ्रारेड किरणों का उपयोग करनेवाले सूक्ष्म कैमरों तथा इलेक्ट्रॉनिक उपकरणों द्वारा नीले-लाल, नीले-हरे एवं लगभग इन्फ्रारेड कणों के चित्रों के रूप में लिया जा सकता है। उपग्रहों से प्राप्त इन रंगीन चित्रों को पृथ्वी पर प्राप्त करके उनके वास्तविक दिखनेवाले चित्रों में परिवर्तित किया जा सकता है। इस प्रकार दूरसंवेदी उपग्रहों द्वारा लिये गए चित्रों से खनिज संपदा, कृषि, वानिकी एवं सागर संपदा से संबंधित विषयों पर शीघ्रता से उपयोगी एवं सटीक जानकारी उपलब्ध होती है।

6. **भू-प्रक्षेपण उपग्रह**—यह उपग्रह अपने कैमरों एवं इलेक्ट्रॉनिक उपकरणों की सहायता से पृथ्वी के विभिन्न भागों के चित्र लेते रहते हैं। इनके द्वारा पृथ्वी के गर्भ में छिपी प्राकृतिक संपदाओं की भी खोज की जाती है। समुद्री लहरों एवं तूफानों के कारणों का भी पता भू-प्रक्षेपण उपग्रह लगाते हैं। इन्हें टोहक उपग्रह भी कहते हैं।
7. **भू-स्थिर उपग्रह**—भू-स्थिर उपग्रह पृथ्वी के किसी स्थान विशेष के सापेक्ष स्थिर रहते हैं। इन उपग्रहों का उपयोग टेलीफोन, टेलीविजन सिग्नलों तथा रेडियो आदि के क्षेत्र में होता है। यदि इस प्रकार के तीन उपग्रह भू-स्थिर कक्षा में स्थापित किए जाएँ तो ध्रुवीय क्षेत्रों के अतिरिक्त संपूर्ण पृथ्वी से एक साथ संबंध स्थापित किया जा सकता है।

विश्व के दूसरे देशों के राष्ट्रीय संचार उपग्रह

वस्तुतः उपग्रह किसी भी राष्ट्र की निजी संपत्ति होती है। आज विश्व के सभी बड़े-बड़े राष्ट्र ऐसे निजी उपग्रहों का उपयोग कर रहे हैं। इस वर्ग में अमेरिकी उपग्रह, कनाडियन उपग्रह, ब्राजील सैट, फ्रांसीसी उपग्रह, पश्चिमी जर्मनी उपग्रह, जापानी उपग्रह, भारत की इनसैट शृंखला तथा रूस में मोलनीय शृंखला के निजी उपग्रह उपलब्ध हैं।

1. **अमेरिकी संचार उपग्रह**—अमेरिका में संचार-उपग्रह सुविधा के लिए अनेक उपग्रह शृंखलाएँ प्रचलित हैं। इनके द्वारा अमेरिका के विभिन्न स्थानों को टेलीफोन (इंटरनेट), रेडियो, दूरदर्शन आदि अनेक सुविधाएँ प्राप्त हो रही हैं। इस कार्य के लिए बेस्टार शृंखला का प्रथम उपग्रह सन् 1974 में स्थापित किया गया। अमेरिका के संचार उपग्रहों की अन्य राष्ट्रीय शृंखलाएँ हैं—सैटकॉम (SatCom), कॉमस्टार (Comstar),

टेलस्टार (telstar) आदि। इनसे सभी राष्ट्रीय संचार संबंधी आवश्यकताएँ पूरी होती हैं।

2. **कनाडियन संचार उपग्रह**—इस राष्ट्र के संचार उपग्रहों की श्रृंखला का नाम है—अनिक (anik)। इसका प्रथम उपग्रह 'अनिक-ए' सन् 1973 में स्थापित किया गया। इससे अधिक क्षमतावाले उपग्रह अनिक-बी, अनिक-सी और अनिक-डी हैं।
3. **ब्राजीलियन संचार उपग्रह**—ब्राजीलियन संचार उपग्रहों का निर्माण कनाडियन उपग्रह, अनिक-डी उपग्रह की भाँति ही किया गया तथा श्रृंखला के प्रथम उपग्रह का प्रमोचन एरियन रॉकेट द्वारा फरवरी 1985 में संपन्न हुआ। इस उपग्रह से ब्राजील को टेलीफोन, टेलेक्स और टेलीविजन आदि की सेवाएँ मिलती हैं।
4. **फ्रांसीसी संचार उपग्रह**—फ्रांस का प्रथम उपग्रह एरियन रॉकेट द्वारा राष्ट्रीय सेवाओं के लिए अगस्त 1984 में स्थापित किया गया। इसके पहले फ्रांस अपनी आवश्यकताओं की पूर्ति यूटेलसैट (EUTELSat) उपग्रहों द्वारा करता था। फ्रांस के एरियन रॉकेटों द्वारा विभिन्न देशों के कई उपग्रहों को सफलतापूर्वक प्रक्षेपित किया जा चुका है।
5. **पश्चिमी जर्मनी संचार उपग्रह**—फ्रांस तथा जर्मनी ने मिलकर सिंफोनी (SYMPHONY) परियोजना बनाई थी। इस परियोजना के अंतर्गत उपग्रह प्रणाली द्वारा संचार से संबंधित अनेक परीक्षण किए गए। पश्चिमी जर्मनी का एक प्रदायभार (मौस) मॉडूलर ऑप्टो इलेक्ट्रॉनिक स्कैनर था, जो कि वहाँ के समुद्र-विज्ञान संबंधी अध्ययन के लिए प्रयोग में लाया जा रहा है। इसे भारत के सुदूर संवेदन उपग्रह आई.आर.एस.-9 पी.-3 (IRS-P3) में समायोजित किया गया है तथा यह सफलतापूर्वक कार्य कर रहा है।
6. **जापानी संचार उपग्रह**—जापान ने सी.एस.-2 (CS-2) श्रृंखला के कई उपग्रह स्थापित करने में सफलता प्राप्त की है। इन उपग्रहों के द्वारा अनेक वैज्ञानिक प्रयोग संपन्न किए जा चुके हैं। जापान की अगली संचार उपग्रहों की श्रृंखला बी.एस.-2 (BS-2) है। इन संचार उपग्रहों द्वारा टेलीफोन, टेलीग्राफ, रेडियो और दूरदर्शन से संबंधित सेवाएँ प्राप्त की जा रही हैं। इस श्रेणी के प्रथम उपग्रह का प्रक्षेपण जनवरी 1984 में किया गया था।

अंतरराष्ट्रीय संचार उपग्रह

संचार प्रणाली के उपयोग हेतु विश्व के अनेक राष्ट्रों ने सामूहिक अथवा निजी भू-स्थिर उपग्रह को पृथ्वी की कक्षा में स्थापित किया है, जिससे संचार व्यवस्था में अभूतपूर्व उन्नति हुई है। अंतरराष्ट्रीय शृंखला के अंतर्गत उपग्रहों का उपयोग एक से अधिक राष्ट्रों द्वारा किया जाता है। इनमें से इंटेलसैट (INTEL Sat) इन्मारसैट (Inmar Sat), यूटेलसैट (Utelset) इंटरस्पुतनिक (Inter-Sputnik), अरबसैट (Arabsat) तथा पलपा (Palapa) प्रमुख हैं।

विश्व स्तर पर अन्य देशों की तुलना में हमारा भारतवर्ष संचार उपग्रहों के डिजाइन, निर्माण एवं परीक्षण के क्षेत्र में शीर्ष स्थान पर है। अब यह कहा जा सकता है कि तीस दशक पूर्व जिस प्रायोगिक उपग्रह संचार प्रणाली को आरंभ किया था, उसे विकासशील भारत के प्रबुद्ध वैज्ञानिकों, अभियंताओं तथा प्रौद्योगिकीविदों के दल ने अपने अथक प्रयासों द्वारा इसे राष्ट्रीय उपग्रह नेटवर्क का रूप देकर शिक्षा, सामाजिक उत्थान, स्वास्थ्य, वाणिज्य व्यवसाय, मनोरंजन इत्यादि महत्त्वपूर्ण क्षेत्रों में भूमंडलीय डाटाबेस प्रदान किया है तथा इस क्षेत्र में नए आयाम स्थापित किए हैं।

भारत के उपग्रह

वस्तुत: भारत के उपग्रहों का उद्देश्य शांति और जनोपयोगी कार्यों के लिए है। इसी ध्येय को लेकर भारत जटिल उपग्रह प्रौद्योगिकी में दक्षता प्राप्त कर अनेक क्षेत्रों में निरंतर आगे बढ़ रहा है। इनमें उपग्रह आधारित संचार संसाधनों का सर्वेक्षण प्रबंध, पर्यावरण मॉनीटरन, मौसम विज्ञानीय उपयोग और अंतरिक्ष आधारित सेवाएँ प्रदान करना प्रमुख है। भारत ने अपना पहला रॉकेट प्रथम भूमध्यरेखीय प्रक्षेपण केंद्र, थुंबा, तिरुपुरम से सन् 1963 में छोड़ा था और अपना आर्यभट्ट अनंत नामक प्रथम उपग्रह 19 अप्रैल, 1975 को अंतरिक्ष में स्थापित किया था। तब से आज तक भारत इस दिशा में लगातार प्रगति कर रहा है।

विदेशी उपग्रहों के माध्यम से भी भारत ने अंतरिक्ष संचार के क्षेत्र में अनेक प्रयोग करके दक्षता और अनेक अनुभव प्राप्त किए हैं। ए.टी.एस.-6 नामक अमेरिकी उपग्रह का उपयोग करते हुए सन् 1975-76 में उपग्रह शैक्षिक दूरदर्शन परीक्षण (साइट) कार्यक्रम चलाया गया था, जिससे भारत के 2,400 गाँवों में सामुदायिक टी.वी. सेटों द्वारा विकास कार्यक्रमों का सीधा दूरदर्शन प्रसारण किया गया था। उन दिनों में यह विलक्षण बात थी। यह कार्यक्रम पूर्ण रूप से सफल रहा।

इसी प्रकार, फ्रांकों-जर्मन 'सिंफोनी' नामक उपग्रह की सहायता से सन् 1977-79 के दौरान उपग्रह दूरसंचार परीक्षण की शृंखला आयोजित की गई, उसमें भी सफलता मिली।

भारत के उपग्रह निम्नलिखित हैं—

चित्र-68 : भारत का प्रथम उपग्रह—आर्यभट्ट।

आर्यभट्ट उपग्रह

वस्तुतः आर्यभट्ट भारत के महान् गणितज्ञ एवं खगोलविद् थे। भारतीयों की विद्वानों का सम्मान करने की परंपरा रही है। अतः आर्यभट्ट के कार्यों तथा नाम को चिरस्थायी रखने के लिए भारत के प्रथम उपग्रह का नाम 'आर्यभट्ट' रखा गया था। (चित्र-68)।

इसका निर्माण भारतीय वैज्ञानिकों द्वारा ही किया गया था, परंतु इसे 19 अप्रैल, 1975 को सोवियत इंटरकॉस्मास रॉकेट से अंतरिक्ष में छोड़ा गया था। किसी भी देश द्वारा प्रथम प्रयास में छोड़े गए उपग्रहों में 360 कि.ग्रा. का यह उपग्रह सबसे भारी था। यह कुछ नवीनतम सूक्ष्म इलेक्ट्रॉनिक कल-पुरजों से युक्त था और तकनीकी दृष्टि से कुछ जटिल था। भारतीय इंजीनियरों ने इसके नियंत्रण और संचालन के लिए मास्को के पास बीअर्स लेक केंद्र तथा बंगलौर में एक लघु बैक-अप केंद्र बनाया था। केवल 200 भारतीय वैज्ञानिकों, इंजीनियरों तथा सार्वजनिक एवं निजी उद्योगों की सीमित सुविधाओं के सहयोग से ही यह कार्य प्रारंभ हुआ तथा सफल भी रहा।

भास्कर प्रथम और द्वितीय उपग्रह

आर्यभट्ट की सफलता के बाद भास्कर नामक (चित्र-69) दो भारतीय उपग्रह भास्कर प्रथम और भास्कर द्वितीय छोड़े गए। भास्कर प्रथम को 7 जून, 1979 को सोवियत संघ से इंटरकॉस्मास रॉकेट से छोड़ा गया था। इसका भार 444 कि.ग्रा. था। इसमें दो टी.वी. कैमरे लगे हुए थे। इनका उपयोग करते हुए जल-विज्ञान, वानिकी तथा भू-विज्ञान से संबंधित आँकड़े एकत्रित किए गए थे और उनके बारे में नई-नई सूचनाएँ प्राप्त की गई थीं।

इसी प्रकार सूक्ष्म तरंग रेडियो मीटर का उपयोग करते हुए समुद्र की सतह

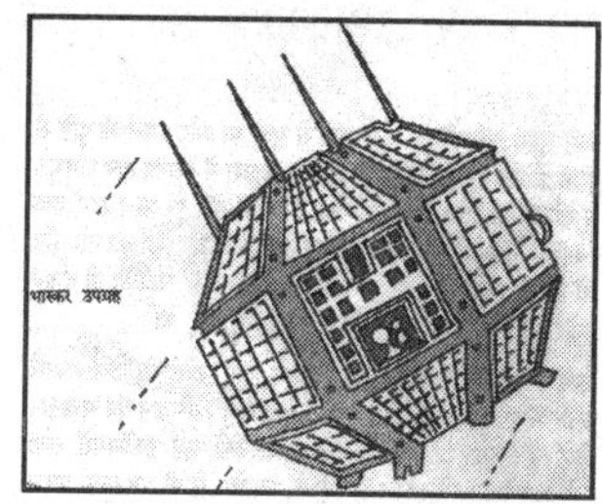

चित्र-69 : भास्कर उपग्रह।

की अवस्थाओं का अध्ययन किया गया था। इसमें लगा कैमरा 325 कि.मी. लंबे और इतने ही चौड़े क्षेत्र का चित्र लेने में समर्थ था। इसके द्वारा 1 कि.मी. तक छोटे क्षेत्र को भी स्पष्ट देखा व समझा जा सकता था। यह उपग्रह एक दिन में भारत के ऊपर से चार बार गुजरता था और अठारह दिन से भी कम समय में पूरे भारत के चित्र ले लेता था। भास्कर प्रथम ने दो वर्ष तक सफलतापूर्वक अपना कार्य पूरा किया। तत्पश्चात् इसे मई 1981 में बंद कर दिया गया।

भास्कर द्वितीय भास्कर प्रथम से कुछ बेहतर था। इसे 20 नवंबर, 1981 को सोवियत संघ के ही रॉकेट से छोड़ा गया था। इसके द्वारा प्रति सेकंड 1 लाख सूचनाएँ भेजी जा सकती थीं। जबकि पहले उपग्रह में मात्र 256 सूचनाएँ ही प्रति सेकंड भेजे जाने की क्षमता थी। भास्कर द्वितीय को एक बार में 150 आदेश दिए जा सकते थे, जबकि भास्कर प्रथम को मात्र 35 प्रकार के आदेश दिए जाने की व्यवस्था थी। यह 95 मिनट में पृथ्वी की परिक्रमा करता था। इसने एक वर्ष से भी अधिक समय तक कार्य किया। इस उपग्रह से भास्कर प्रथम द्वारा प्रारंभ किए गए कार्य आगे चलते रहे।

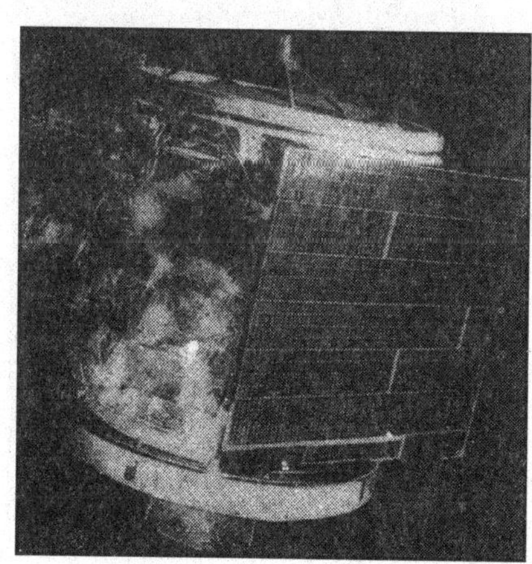

चित्र-70 : एप्पल उपग्रह।

एप्पल उपग्रह

वस्तुतः एप्पल उपग्रह से भारत में दूरसंचार युग का सूत्रपात हुआ। यूरोप की अंतरिक्ष संस्था ने अपने एरियन रॉकेट से अन्य देशों के उपग्रहों को अंतरिक्ष में प्रक्षेपण की सन् 1975 में घोषणा की थी। तभी से भारत में एप्पल (एरियन पैसेंजर पेलोड एक्सपेरिमेंट) संचार उपग्रह की योजना बनाई गई।

इस उपग्रह का निर्माण भारत के 'इसरो' वैज्ञानिकों ने ही किया

तथा निर्धारित कार्यक्रम के अनुसार 19 जून, 1981 को दक्षिण अमेरिका में अटलांटिक महासागर के तट पर फ्रेंच गुयाना में कराऊ नामक स्थान से एरियन रॉकेट द्वारा एप्पल (चित्र-70) को सफलतापूर्वक अंतरिक्ष में छोड़ा गया। इस उपग्रह का भार 673 कि.ग्रा. था। सौर पैनलों से एप्पल को 210 वॉट बिजली मिलती थी। यह देश का पहला दूरसंचार उपग्रह था, जो भू-स्थिर कक्षा में स्थापित किया गया था। ऐसे उपग्रह पहले शक्तिशाली रॉकेट द्वारा अस्थायी कक्षा में छोड़े जाते हैं। उनकी परिधि कुछ इस प्रकार की होती है कि एक स्थिति में तो उपग्रह की पृथ्वी से दूरी लगभग 200 कि.मी. होती है और परिक्रमा के दौरान बढ़ते-बढ़ते यह दूरी 36,000 कि.मी. तक पहुँच जाती है।

यूरोपीय रॉकेट ने एप्पल को केवल अस्थायी कक्षा में पहुँचाया था। परंतु इसके बाद की सारी कठिन व जटिल प्रक्रिया भारतीय वैज्ञानिकों ने एप्पल के भीतर लगाए लघु रॉकेटों और रेडियो उपकरणों द्वारा भू-केंद्रों से रेडियो आदेश भेजकर संपन्न की।

इससे मिले अनुभवों तथा प्रौद्योगिकी ज्ञान के आधार पर भारतीय राष्ट्रीय उपग्रह प्रणाली (इनसैट) का मार्ग प्रशस्त हुआ है। एप्पल ने निर्धारित 24 महीनों के स्थान पर 27 महीने तक कार्य किया और अनेक दूरसंचार प्रयोग संपन्न किए। एप्पल द्वारा चक्रवात जैसी मौसमी दुर्घटनाओं के राहत कार्यों के लिए आपातकालीन संदेश भी भेजे गए थे। इस उपग्रह को 19 सितंबर, 1983 को बंद कर दिया गया था।

रोहिणी उपग्रह

यह उपग्रह भी हमारे देश के वैज्ञानिकों द्वारा ही बनाया गया है और इसे भारतीय एस.एल.वी.-3 रॉकेट द्वारा अंतरिक्ष में स्थापित किया गया है। यह पूरी तरह स्वदेशी प्रौद्योगिकी से स्वदेशी साधनों द्वारा बनकर हमारे आत्मसम्मान का प्रतीक है। रोहिणी की सफलता से आज प्रत्येक भारतीय अपने वैज्ञानिकों एवं प्रौद्योगिकीविदों पर गर्व कर सकता है।

चित्र-71 : रोहिणी उपग्रह।

रोहिणी उपग्रह (चित्र-71) को

18 जुलाई, 1980 को पृथ्वी की 300-900 कि.मी. की अंडाकार कक्षा में स्थापित किया गया था। रोहिणी मात्र 12 मिनट में ही अंतरिक्ष में पहुँच गया था और सफलतापूर्वक पृथ्वी की कक्षा में स्थापित हो गया था। इसे जिस ऊँचाई पर स्थापित होना था, यह उससे अधिक ऊँचाई पर स्थापित हो गया था। इसलिए यह गोलाकार कक्षा के बजाय अंडाकार कक्षा में पृथ्वी के चक्कर लगाने लगा। इससे अंतरिक्ष में इसके रहने की अवधि अनुमानित सौ दिन की अपेक्षा तीन वर्ष हो गई।

रोहिणी लगभग 4,500 कि.मी. प्रति घंटे की गति से 97 मिनट में पृथ्वी का चक्कर लगाता था। वह जब भी भारत के ऊपर से गुजरता था तो दूरदर्शन के परदे पर उसकी तसवीर और उसकी सीटी जैसी आवाज स्पष्ट सुनाई पड़ती थी। उसकी सौर बैटरियाँ उसकी आवश्यकता से कहीं अधिक शक्तिशाली थीं। रोहिणी परियोजना पर 29 करोड़ रुपए का निवेश किया गया तथा एस.एल.वी.-3 की सफल कार्य प्रणाली के बारे में भी रोहिणी से आँकड़े प्राप्त हुए।

रोहिणी द्वितीय उपग्रह 30 मई, 1981 को छोड़ा गया था। इसके कैमरों ने ठीक कार्य किया। इसे अनुमानतः 300 दिन तक अंतरिक्ष में रहना था। परंतु कम ऊँचाई पर स्थापित होने के कारण यह नौ दिनों के बाद ही पृथ्वी के वायुमंडल में प्रवेश कर जाने से जलकर नष्ट हो गया।

रोहिणी तृतीय उपग्रह 17 अप्रैल, 1983 को छोड़ा गया था। इसके कैमरे ने 2,500 से अधिक चित्र भेजे, जिनसे जल, वनस्पति, बंजर भूमि, बादल और बर्फ के बारे में जानकारियाँ प्राप्त हुईं। अपने उद्देश्यों को पूरा करने के बाद इसे 24 सितंबर, 1984 को बंद कर दिया गया।

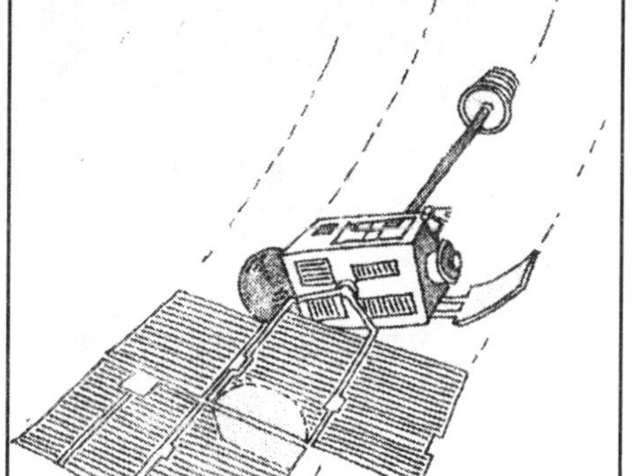

चित्र-72 : इनसैट उपग्रह।

इनसैट उपग्रह

भारतीय राष्ट्रीय उपग्रह (इनसैट) एक प्रकार से भारत के बहूद्देश्यीय संचार उपग्रह हैं। इस योजना को भारत सरकार ने सन् 1977 में ही स्वीकृति प्रदान कर दी थी। इनकी प्रथम शृंखला का निर्माण अमेरिकी कंपनी फोर्ड एरोस्पेस कॉरपोरेशन द्वारा भारत के लिए किया गया था। इनके

निर्माण में भारतीय अंतरिक्ष अनुसंधान संगठन के निर्देशों का पालन किया गया था। ये इनसैट-I कहलाते हैं। ऐसे कुल उपग्रह विदेश में बनवाए गए, जो क्रमशः इनसैट-I ए, इनसैट-I बी और इनसैट-I सी कहलाते हैं। ये तीनों उपग्रह अंतरिक्ष में छोड़े जा चुके हैं। इनसैट-I डी भी तैयार होकर अंतरिक्ष में छोड़ा जा चुका है।

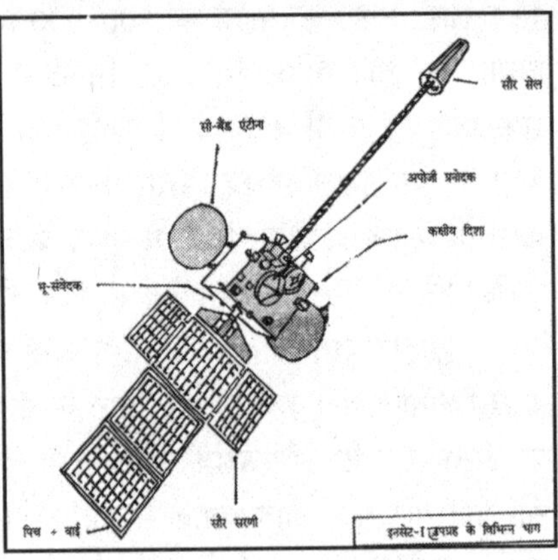

चित्र-73 : इनसैट-1ए के विभिन्न भाग।

इनसैट की दूसरी शृंखला का निर्माण भारत में हो रहा है, जो इनसैट-II कहलाती है। इनसैट उपग्रह को चित्र-72 में दरशाया गया है।

इनसैट-1ए

इस शृंखला का प्रथम उपग्रह 'इनसैट-1ए' 10 अप्रैल, 1982 को अमेरिकी डेल्टा रॉकेट से अंतरिक्ष में छोड़ा गया। यह 21 अप्रैल,1982 को अपनी निर्धारित कक्षा में स्थापित हुआ। इनसैट-1ए ने (चित्र-73) मौसम से संबद्ध 600 छायाचित्र प्रदान किए। इसके द्वारा लगभग चार माह तक प्रतिदिन साढ़े पाँच घंटे रेडियो और दूरदर्शन कार्यक्रम प्रसारित होते रहे तथा 300 दूरसंचार सर्किट भी चालू रहे। परंतु कुछ तकनीकी व्यवधान के कारण यह 6 सितंबर, 1982 को निष्क्रिय हो गया।

चित्र-74 : इनसैट-1 बी उपग्रह।

इनसैट-1बी

इनसैट शृंखला के दूसरे उपग्रह इनसैट-1बी को अमेरिकी अंतरिक्ष शटल चैलेंजर द्वारा 30 अगस्त, 1983 को छोड़ा गया था। यद्यपि इसकी बनावट भी

इनसैट-1ए के समान ही थी, परंतु इसका भार जहाँ 1ए का 1,052 कि.ग्रा. था, वहीं यह 1,164 कि.ग्रा. था। भार में यह वृद्धि अधिक मात्रा में ईंधन रखने हेतु की गई थी। इसे चित्र-74 में दरशाया गया है।

इनसैट-1सी एवं इनसैट-1डी

भारतीय उपग्रहों की श्रृंखला में तीसरा उपग्रह इनसैट-1सी है, जिसका प्रमोचन 21 जुलाई, 1988 को हुआ तथा नवंबर 1989 में यह अनुपयोगी हो गया।

इनसैट-1डी का प्रमोचन 12 जून, 1990 को हुआ तथा इसके साथ ही इनसैट श्रृंखला की प्रथम पीढ़ी के उपग्रहों का प्रमोचन पूरा हुआ।

इनसैट श्रृंखला की द्वितीय पीढ़ी के प्रथम उपग्रह इनसैट-2ए का प्रमोचन 10 जुलाई, 1992 को हुआ तथा यह देश में उपलब्ध तकनीकी का प्रयोग करके निर्मित किया गया। दूसरी पीढ़ी के इनसैट उपग्रहों से प्रारंभ होकर बाकी सभी पीढ़ी के इनसैट उपग्रहों का निर्माण भी भारत के अंदर ही किया गया।

भारतीय सुदूर संवेदी उपग्रह (आई.आर.एस.)

भारत के इतिहास में 17 मार्च, 1988 का दिन अविस्मरणीय रहेगा। इस दिन के मध्याह्न 12 बजकर, 13 मिनट और 30 सेकंड पर देश में ही भारतीय वैज्ञानिकों द्वारा निर्मित प्रथम सुदूर संवेदन उपग्रह आई.आर.एस. (भारतीय सुदूर संवेदी उपग्रह)-1ए को सफलतापूर्वक प्रक्षेपित किया गया। यह 904 कि.मी. की ऊँचाई पर रूस के 'बोस्तोक' रॉकेट द्वारा छोड़ा गया था (चित्र-75)।

वस्तुतः सुदूर संवेदन एक ऐसी तकनीक है, जिसकी सहायता से पृथ्वी की सतह पर स्थित किसी भी वस्तु से उत्पन्न होनेवाले, प्रतिबिंबित होनेवाले या टकरानेवाले विकिरणों को प्रकाश और अवरक्त किरणों का प्रयोग करनेवाले कैमरों से नीले-हीरे, नीले-लाल और लगभग अवरक्त रंगों के चित्रों में उतारा जा सकता है तथा फिर इन रंगीन चित्रों को पृथ्वी पर प्राप्त करके उनके वास्तविक दिखनेवाले चित्रों में बदला जा सकता है। इन चित्रों से कृषि, वानिकी, चरागाह, खनिज संपदा, सागर सर्वेक्षण, भू-संरक्षण आदि विषयों पर बहुमूल्य जानकारी इतनी शीघ्र मिल जाती है, जिसको प्राप्त करने के लिए सामान्य विधियों द्वारा बहुत अधिक समय लगता है।

सुदूर संवेदन के बारे में विस्तृत जानकारी इस पुस्तक के आगामी भाग में दी गई है।

यह उपग्रह उत्तरी ध्रुव से दक्षिणी ध्रुव की ओर भारत के ऊपर से जाते हुए

103 मिनट में पृथ्वी की परिक्रमा करता है। जब यह भारत से गुजरता है तो उसकी 148 कि.मी. चौड़ी पट्टी के चित्र खींचता जाता है। एक दिन में यह 14 परिक्रमाएँ कर लेता है। भारत के पूरे भूभाग के सर्वेक्षण चित्र भेजने में इस उपग्रह को लगभग 307 परिक्रमाएँ करनी होती हैं।

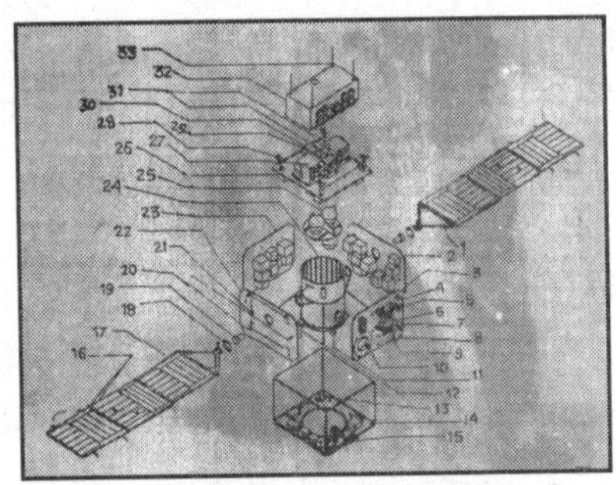
चित्र-75 : आई.आर.एस.-1ए उपग्रह के विभिन्न अंग।

हर परिक्रमा के बाद यह थोड़ा-थोड़ा खिसकता रहता है। इस प्रकार संपूर्ण भारत का सर्वेक्षण करके 22 दिन बाद यह पुनः सर्वेक्षण करने के लिए अपनी पूर्ववत् स्थिति में आ जाता है।

चित्र-76 : आई.आर.एस. उपग्रह में स्थापित लिस कैमरा।

इस उपग्रह में सुदूर संवेदन के लिए पेलोड (नीतिभार) के रूप में तीन शक्तिशाली कैमरे (लिस-1, लिस-2ए और लिस-2बी) लगे हैं, जो आँखों का कार्य करके पृथ्वी के विभिन्न भागों का चित्र लेते हैं। ये लिस (Linear Image Self Scanner Sensor) कैमरे पुशब्रूम स्कैनिंग (Pushbroom Scanning) पद्धति पर कार्य करते हैं। (चित्र-76)।

आई.आर.एस. तंत्र राष्ट्रीय प्राकृतिक संपदा प्रबंधक तंत्र (एन.एन.आर. एम.एस.-National Natural Resources Management System) के अंतर्गत राष्ट्रीय स्तर पर एन.एन.आर.एम.एस. की योजना समिति के साथ समन्वय करता है। राष्ट्रीय प्राकृतिक संसाधन प्रबंधन प्रणाली या तंत्र को चित्र-77 में दरशाया गया है।

आई.आई.एस. उपग्रह का नियंत्रण केंद्र बंगलौर में स्थापित है। हैदराबाद के निकट शादनगर भूकेंद्र (चित्र-78) में उपग्रह से आँकड़े ग्रहण किए जाते हैं। इन आँकड़ों को मुख्यतः कृषि, भूमि उपयोग, वानिकी, भू-विज्ञान, जल संसाधन, समुद्री संसाधन तथा मानचित्र कला के क्षेत्रों में उपयोग किया जाता है। इस प्रकार भारतीय उपग्रह जनमानस के लिए सुख-सुविधाएँ जुटाने में सक्रियता से कार्य कर रहे हैं।

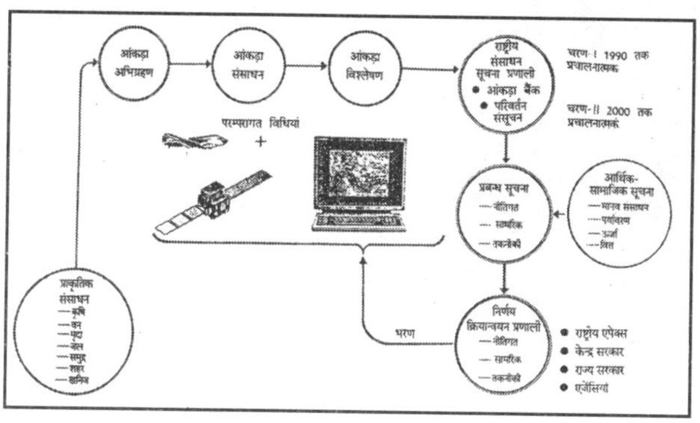

चित्र-77 : राष्ट्रीय प्राकृतिक संसाधन प्रबंधन प्रणाली।

इसरो ने बहुत कठिन परिश्रम करके इनसैट जैसे भारी संचार उपग्रह हमारे देश में बनाए हैं। इसी प्रकार आई.आर.एस. नामक सुदूर संवेदी उपग्रह (रिमोट सेंसिंग सैटेलाइट) भी भारत में बनाया है। लगभग एक हजार कि.ग्रा. भार के इन आई.आर.एस.

चित्र-78 : शादनगर (हैदराबाद) में उपग्रह सूचनाओं को ग्रहण करनेवाला भूकेंद्र।

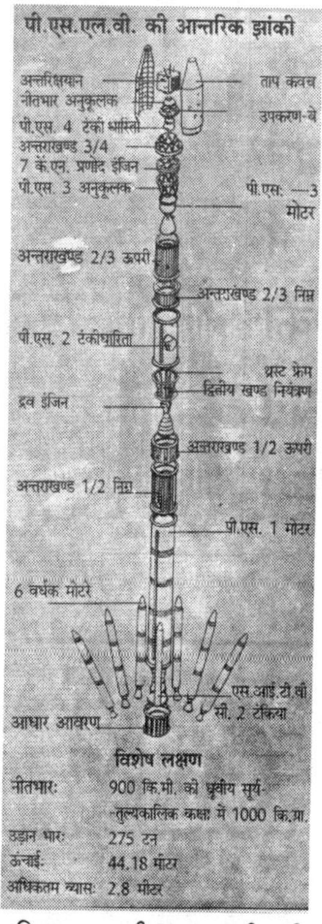

चित्र-79 : पी.एस.एल.वी. की आंतरिक झाँकी।

चित्र-80 : एस.एल.वी.-3 प्रमोचन यान।

उपग्रहों को लगभग एक हजार कि.मी. ऊपर की ध्रुवीय कक्षा यानी दोनों ध्रुवों के ऊपर से गुजरनेवाली कक्षा में स्थापित कर देनेवाला शक्तिशाली स्वदेशी रॉकेट भी बन गया है। इसका नाम है—पोलर सैटेलाइट लॉञ्च वेहिकल (PSLV) अर्थात् ध्रुवीय उपग्रह प्रक्षेपण यान (चित्र-79)। इसकी प्रथम विकासशील उड़ान 20 सितंबर, 1993 को संपन्न हुई।

इसके पश्चात् भारत ने उत्तरोत्तर प्रगति कर एस.एल.वी.-3 नामक चार हुडों वाला लगभग 23 मीटर ऊँचा और 17 टन भार का रॉकेट बनाया। यह रॉकेट 40 कि.ग्रा. भार के उपग्रह को पृथ्वी से 4-5 सौ कि.मी. ऊपर की कक्षा में स्थापित कर देने में सक्षम था। एस.एल.वी

परीक्षण जु

चित्र-81 : ए.एस.एल.वी. प्रमोचन यान।

एस.एल.वी.-3 की सफलता के बाद अधिक भारवाले उपग्रह को अंतरिक्ष में भेजने के लिए इसी रॉकेट का संवर्धन किया गया। इस नए रॉकेट का नाम संवर्धित उपग्रह प्रक्षेपण यान ए.एस.एल.वी. यानी (Augmented Satellite Launch Vehicle) दिया गया (चित्र-81)।

ए.एस.एल.वी. की चौथी विकासशील उड़ान 4 मई, 1994 को हुई, जिसने 113 कि.ग्रा. के श्रास-सी 2 उपग्रह को (चित्र-82) अंतरिक्ष की कक्षा में पहुँचाया।

इन दूरसंचार उपग्रहों को भूमध्यरेखा के 36,000 कि.मी. ऊपर की भूस्थिर कक्षा में स्थापित करने के लिए हमें विदेशी रॉकेटों की सहायता लेनी पड़ती थी परंतु अब हमारे देश

में ही ऐसा शक्तिशाली रॉकेट का निर्माण हो चुका है, जो हमारे इनसैट उपग्रहों को 36,000 कि.मी. ऊपर की भूस्थिर कक्षा में स्थापित करने में सक्षम है। इस रॉकेट का नाम है—भू-समकालिक उपग्रह प्रक्षेपण (Geo Synchronous Satellite Launch Vehicle) यानी जी.एस.एल.वी. (GSLV) (चित्र-83)। इसे भू-समकालिक इसलिए कहा जाता है कि भूमध्यरेखा के लगभग 36,000 कि.मी. ऊपर की वृत्तीय कक्षा में स्थापित उपग्रह उतने ही समय में पृथ्वी का एक चक्कर लगा लेता है, जितने समय में पृथ्वी अपनी धुरी पर एक चक्कर लगा लेती है। इस प्रकार, इनसैट जैसे उपग्रह अंतरिक्ष में धरातल के एक स्थान से 'स्थिर' नजर आते हैं। इस कारण इन्हें भूस्थिर कक्षा में स्थापित उपग्रहों के नाम से भी जाना जाता है।

चित्र-82 : ए.एस.एल.वी. के द्वारा प्रमोचित उपग्रह 'श्रास'।

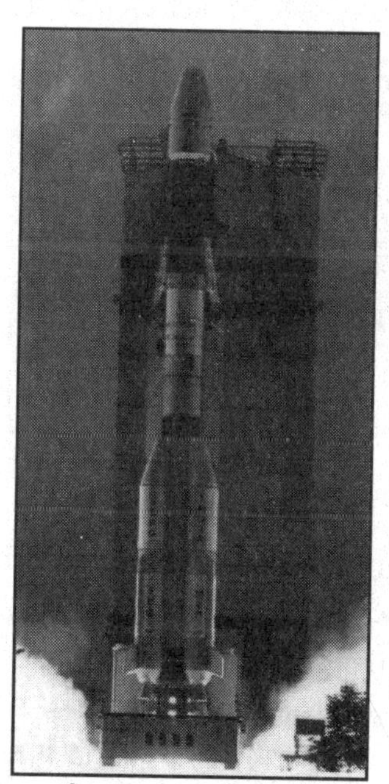

चित्र-83 : भारत का सबसे शक्तिशाली प्रमोचन यान जी.एस.एल.वी.।

भारत ने अपने अंतरिक्ष क्षेत्र के बढ़ते हुए चरण के क्रम में इनसैट-2 ई उपग्रह का प्रमोचन (चित्र-84) 3 अप्रैल, 1994 को एरियन रॉकेट के द्वारा कोरू फ्रेंच से किया। 26 मई, 1999 को पी.एस.एल.वी. की एक अन्य उड़ान के द्वारा भारत के सुदूर संवेदन उपग्रह आई.आर.एस.पी-4 (ओसेनसैट) प्रमोचित हुआ तथा इसके साथ दो अन्य उपग्रह फिटसैट-3 (कोरिया का उपग्रह) तथा एक जर्मनी का उपग्रह भी अंतरिक्ष में प्रमोचित किया गया।

इनसैट-2 ई के प्रमोचन के साथ इनसैट की दूसरी पीढ़ी के उपग्रहों का प्रमोचन समाप्त

हो गया। इनसैट की तीसरी पीढ़ी के प्रथम उपग्रह इनसैट-3बी का प्रमोचन 22 मार्च, 2000 को एरियन रॉकेट के द्वारा संपन्न हुआ। भारत के सबसे शक्तिशाली प्रमोचन रॉकेट जी.एस.एल.वी. की प्रथम विकासशील उड़ान 18 अप्रैल, 2001 को संपन्न हुई तथा इसके द्वारा जी सैट-1 उपग्रह का प्रमोचन किया गया।

चित्र-84 : इनसैट-2 ई उपग्रह।

इनसैट शृंखला के इनसैट-3 सी उपग्रह का प्रमोचन एरियन रॉकेट के द्वारा कोरू फ्रेंच गुएना से 24 जनवरी, 2002 को संपन्न हुआ। 12 सितंबर, 2002 को दूसरो के मौसम विज्ञानी उपग्रह 'मेटसैट' का प्रमोचन पी.एस.एल.वी. रॉकेट के द्वारा किया गया। इस उपग्रह का नाम बाद में अंतरिक्ष यात्री कल्पना चावला (भारतीय मूल की प्रथम महिला अंतरिक्ष यात्री) को

चित्र-85 : भारतीय सुदूर संवेदी उपग्रह रिसोर्ससैट-1।

सम्मान देने के लिए 'कल्पना-1' रखा गया। 10 अप्रैल, 2003 को इनसैट-3 का प्रमोचन कोरू फ्रेंच गुएना से किया गया। इसी क्रम में पी.एस.एल.वी. रॉकेट के द्वारा 17 अक्तूबर, 2003 को सुदूर संवेदन उपग्रह रिसोर्ससैट-1 (आई.आर.एस.पी.-6), जो चित्र-85 में दरशाया गया है, का प्रमोचन किया गया।

□

शिक्षा के लिए समर्पित उपग्रह : एजुसैट

हमारे देश के निष्णात वैज्ञानिकों ने अपनी कड़ी मेहनत एवं लगन से 20 सितंबर, 2004 को चार बजकर एक मिनट पर भारत के पहले शैक्षणिक उपग्रह एजुसैट (जिसे 'जी सैट-3' भी कहते हैं) को सतीश धवन अंतरिक्ष केंद्र (एस.डी.एस.सी. शार) से भारतीय उपग्रह प्रमोचन यान जी.एस.एल.वी. के द्वारा प्रमोचित कर अपनी दक्षता को उजागर किया। 414 टन भारवाला तथा 49 मीटर लंबा रॉकेट 1,950 कि.ग्रा. के एजुसैट (चित्र-86) उपग्रह को लेकर श्रीहरिकोटा रेंज से उड़ा।

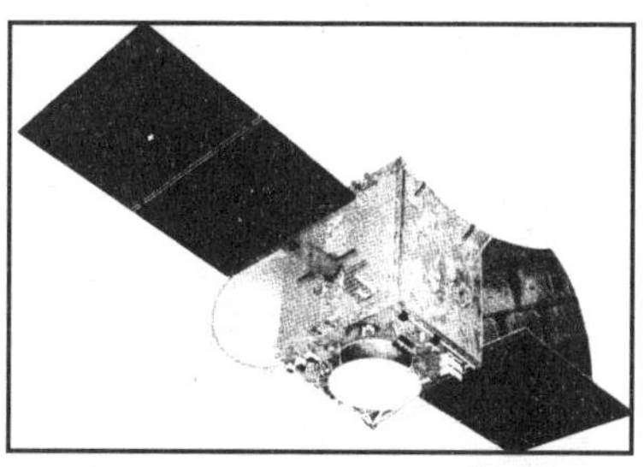

चित्र-86 : भारत का प्रथम शैक्षणिक उपग्रह— एजुसैट।

पृथ्वी से उठने के 17 मिनट बाद एजुसैट उपग्रह को भू-स्थिर अंतरण कक्षा में स्थापित कर दिया गया। एजुसैट 36,000 कि.मी. की ऊँचाईवाली भू-स्थिर कक्षा में भारतीय उगग्रह इनसैट-3 सी एवं कल्पना-1 उपग्रह के साथ स्थापित किया गया। एक स्लॉट में एक से अधिक उपग्रहों को स्थापित करने की तकनीक को अंतरिक्ष विज्ञान की भाषा में 'कोलोकेशन' कहते हैं।

उपयोगिता

आज शिक्षा के क्षेत्र में संचार प्रौद्योगिकी ने अपना एक विशिष्ट स्थान बना लिया है। उपग्रह संचार प्रणाली के द्वारा पृथ्वी के विशाल क्षेत्र में संचार व्यवस्था स्थापित की जा सकती है तथा उपग्रह संचार प्रणाली की इस विशेषता को विश्व

के दूरस्थ स्थानों में शिक्षा के लिए तथा इसके प्रसार के लिए प्रयोग में लाया जा सकता है।

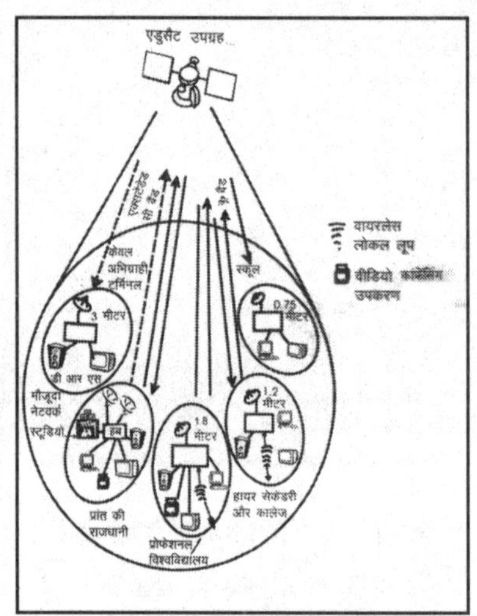

चित्र-87 : एजुसैट नेटवर्क।

उपग्रह संचार प्रणाली के शिक्षण में उपयोग के लिए व्याख्याता अपना व्याख्यान एक केंद्रीय स्थान से देता है तथा यह व्याख्यान एक विशाल भू-केंद्र के द्वारा प्रेषित (ट्रांसमिट) किया जाता है, जिसे अंतरिक्ष में स्थित उपग्रह ग्रहण (रिसीव) करके पुनः पृथ्वी की ओर वापस कर देता है। इस सिग्नल को पृथ्वी के विभिन्न केंद्र, जहाँ पर उपग्रह कक्षाएँ स्थापित की गई हैं, ग्रहण करते हैं तथा इस प्रकार इन कक्षाओं का संचालन होता है।

ये कक्षाएँ दूरस्थ और समीप सभी स्थानों पर स्थापित की जाती हैं तथा प्रत्येक कक्षा में अनेक विद्यार्थी इनसे लाभान्वित होते हैं। इन कक्षाओं से विद्यार्थी व्याख्यान के बाद व्याख्याता से उपग्रह के माध्यम से प्रश्न भी पूछ सकते हैं तथा अपनी शंका का समाधान भी कर सकते हैं। इस प्रकार अनेक विद्यार्थियों को विभिन्न स्थानों से व्याख्याता से जोड़ देने से अनेक विषयों पर चर्चा की जा सकती है। दूरस्थ शिक्षा (डिस्टेंस एजुकेशन) के प्रसार-माध्यम के रूप में एक संचार उपग्रह पारंपरिक शिक्षण कक्षाओं को विशाल क्षेत्रों में फैला सकता है। आज अनेक संस्थाएँ अपने विभिन्न कार्यक्रमों को सुचारु रूप से चलाने, ग्राहक सेवा में नए-नए सुधार लाने तथा अन्य व्यावसायिक उद्‌देश्यों को सुचारु रूप से चलाने के लिए संचार उपग्रहों का सहारा लेते हैं।

भारत में शिक्षा के क्षेत्र में उपग्रहों को प्रयोग करने की शुरुआत सन् 1974-75 में किए गए 'सैटेलाइट इंस्ट्रक्शनल टेलीविजन एक्सपेरीमेंट' से प्रारंभ हुई। इस परीक्षण को संक्षिप्त में 'साइट' कहते हैं। एक वर्ष के लिए किया गया यह परीक्षण विश्व का दूरसंचार का सबसे बड़ा परीक्षण था। उसके बाद से भारत में शिक्षा के क्षेत्र में उपग्रहों का प्रयोग बहुत तेजी से बढ़ा है। इसी बात को दृष्टिगत रखते हुए भारत ने शिक्षा के क्षेत्र में पूर्ण रूप से समर्पित एक उपग्रह (एजुसैट) अंतरिक्ष में

स्थापित किया। एजुसैट नेटवर्क को चित्र-87 में दरशाया गया है।

एजुसैट का मुख्य उद्देश्य स्कूलों, कॉलेजों तथा उच्च शिक्षा में सहायता के लिए और विकासशील संचार के लिए संबद्धता (कनेक्टिविटी) प्रदान करना है। वस्तुतः एजुसैट कार्यक्रम के तीन चरण हैं—प्रथम चरण पायलट परियोजना है, जिसके अंतर्गत इनसैट-3बी उपग्रह का एक कू-बैंड ट्रांसपोडर दूरस्थ शिक्षा (डिस्टेंस एजुकेशन) के लिए प्रयोग में लाया जा रहा है। इस परियोजना से कर्नाटक, महाराष्ट्र तथा मध्य प्रदेश आदि प्रदेशों के सैकड़ों महाविद्यालय लाभान्वित हुए हैं।

द्वितीय चरण में एजुसैट के अंतरिक्ष की कक्षा में काम शुरू करने के बाद इसे अर्द्ध-प्रचलनात्मक (सेमी ऑपरेशनल) मोड में प्रयोग किया गया है। द्वितीय चरण में दो अन्य राज्य और एक राष्ट्रीय संस्था को भी सम्मिलित किया गया है। इसी प्रकार, तीसरे चरण में एडुसैट नेटवर्क पूरी तरह से काम करने लगेगा तथा उस समय इससे 25 से 30 सिग्नल अपलिंक किए जा सकेंगे तथा प्रत्येक अपलिंक के साथ 5,000 रिमोट टर्मिनल कार्य करेंगे। एजुसैट कार्यक्रम में भारतीय अंतरिक्ष अनुसंधान संगठन भू-केंद्रों के कार्यान्वयन के लिए निर्माताओं और सेवा-प्रदायकों को तकनीकी एवं प्रबंधन आधार प्रदान करेगा।

समाज में नवीन परिवर्तन लाने में शिक्षा की अहम भूमिका होती है। इसीलिए आज शिक्षा का सार्वभौमीकरण, विशेषतः विकासशील देशों के लिए, एक प्रमुख मुद्दा है। स्वतंत्रता के पश्चात् भारत में शिक्षण संस्थाओं की संख्या में बहुत तेजी से वृद्धि हुई है। परंतु ग्रामीण क्षेत्रों में पर्याप्त बुनियादी ढाँचे की कमी और पर्याप्त संख्या में अच्छे शिक्षकों के अभाव के कारण शिक्षा के क्षेत्र में किए जा रहे प्रयास उतनी तेज गति को नहीं पकड़ रहे हैं। एजुसैट शिक्षा के क्षेत्र में प्रथम उपग्रह है तथा इसके तंत्र को इस प्रकार डिजाइन किया गया है, जिससे यह इंटरएक्टिव (अन्योन्य क्रिया) उपग्रह आधारित दूरस्थ शिक्षा तंत्र को देश के लिए विकसित कर सके तथा डायरेक्ट-टु-होम (डी.टी.एच.) स्तर का ब्रॉडकास्ट प्रदान कर सके।

अतः ऐसी धारणा है कि एजुसैट कार्यक्रम की सफलता के साथ उच्च शिक्षा एक सामान्य व्यक्ति की पहुँच के क्षेत्र में आ जाएगी।

□

कार्टोसैट-1 उपग्रह

भारतीय अंतरिक्ष अनुसंधान संगठन (इसरो) ने 5 मई, 2005 को पी.एस.एल.वी. सी-6 के माध्यम से दो भारतीय उपग्रहों—कार्टोसैट-1 (चित्र-88) और हैमसैट—को अंतरिक्ष में स्थापित कर सफलता प्राप्त की। कार्टोसैट-1 उपग्रह का प्रमोचन सतीश धवन अंतरिक्ष केंद्र (शार सेंटर) में बनाए गए दूसरे प्रमोचन पैड से किया गया।

कार्टोसैट-1 उपग्रह का नाम आई.आर.एस.पी.-5 है। यह उपग्रह 2.5 मीटर का विभेदन (रिजॉल्यूशन) प्रदान करेगा तथा देश का मानचित्रण भी कर सकेगा। कार्टोसैट-1 के द्वारा लिये गए चित्रों को आई.आर.एस.पी.-6 (रिसोर्ससैट) उपग्रह की प्रतिबिंबिकी के साथ संयुक्त करके सबसे अच्छी उपग्रह प्रतिबिंबिकी पाई जा सकेगी। मानचित्रण उपग्रहों की बहुत माँग भी है। इसी श्रेणी का दूसरा उपग्रह कार्टोसैट-II पी.एस.एल.वी. रॉकेट के द्वारा अक्तूबर 2005 में ध्रुवीय कक्षा में स्थापित किया गया है।

चित्र-88 : कार्टोसैट-1 उपग्रह।

वस्तुतः कार्टोसैट-1 उपग्रह मुख्यतया उन्नतिशील मानचित्रण उपयोगों के लिए बनाया गया है। इस उपग्रह में दो पैनक्रोमेटिक कैमरे लगे हैं, जिनका आकाशीय विभेदन 2.5 मीटर तथा प्रत्येक प्रमार्ज (स्वॉथ) 30 कि.मी. का है। 250 करोड़ रुपए की लागत से

बनाया गया कार्टोसैट-1 उपग्रह इसरो के द्वारा बनाए गए उपग्रहों में सबसे महँगा और अत्यधिक संवेदनशील उपग्रह है। यह नगर नियोजकों (Town Planner) के लिए बहुत उपयोगी आँकड़े प्रदान करेगा तथा इससे प्राप्त उच्च विभेदन और त्रिविम (स्टीरियोस्कोपिक) प्रतिबिंब बहुत महत्त्वपूर्ण मानचित्रण सूचना प्रदान करेंगे।

कार्टोसैट-1 से उपलब्ध आँकड़े विशाल क्षेत्र में मानचित्रण उपयोगों के लिए विस्तृत जानकारी प्रदान करेंगे तथा इससे कस्बों और ग्रामीण क्षेत्रों में विकास कार्यों को प्रारंभ करने में यह जल और भू-प्रबंधन में तथा पर्यावरण के प्रभावों की जाँच करने में महत्त्वपूर्ण सूचना प्रदान करेंगे। कार्टोसैट-1 से प्राप्त डाटा से भू-स्थलाकृति मानचित्रों को अद्यतन किया जा सकेगा।

भारत ने सन् 1988 से 10 सुदूर संवेदी उपग्रह अंतरिक्ष में प्रमोचित किए हैं। इन्होंने शहरों और ग्रामीण क्षेत्रों में भू और जल प्रबंधन में बड़ी महत्त्वपूर्ण भूमिकाएँ निभाई हैं।

हैमसैट उपग्रह

हैमसैट एक माइक्रो उपग्रह है, जिसका मुख्य उद्देश्य उपग्रह आधारित अमैच्योर रेडियो सेवाएँ राष्ट्रीय व अंतरराष्ट्रीय समुदाय को प्रदान करना है। हैमसैट उपग्रह (चित्र-89) कार्टोसैट-1 उपग्रह के साथ एक सहायक उपग्रह के रूप में 5 मई, 2005 को प्रमोचित किया गया। इसका भार 42.5 कि.ग्रा. है तथा यह दक्षिण एशियाई भूखंडों के अमैच्योर रेडियो ऑपरेटरों की बहुत लंबे समय से प्रतीक्षित अमैच्योर सेवा प्रदान करेगा।

चित्र-89 : हैमसैट उपग्रह।

हैमसैट में दो ट्रांसपोंडर हैं। एक ट्रांसपोंडर का विकास देश के अंदर ही उपलब्ध तकनीक और घटकों को प्रयोग करके किया गया है। दूसरा ट्रांसपोंडर नीदरलैंड के अमैच्योर रेडियो ऑपरेटर और ग्रेजुएट इंजीनियरिंग विद्यार्थियों के द्वारा हायर टेक्निकल इंस्टीट्यूट,

वेन्लो में विकसित किया गया है।

हैमसैट उपग्रह ने राष्ट्रीय और अंतरराष्ट्रीय परिदृश्य में कम कीमत पर विश्वसनीय संचार प्रदान करके प्राकृतिक संकट में (जैसे—बाढ़, भूकंप इत्यादि) एक महत्त्वपूर्ण भूमिका अदा की है। इसके अतिरिक्त यह युवा पीढ़ी में तकनीकी रुचि और जागरूकता उत्पन्न करेगा तथा इसके द्वारा युवा वर्ग अपनी निजी तकनीकी परियोजनाओं को भलीभाँति और सुचारु रूप से विकसित करेगा।

इनसैट-4 ए

भारत की चौथी पीढ़ी के उपग्रह इनसैट-4 ए का प्रमोचन 22 दिसंबर, 2005 को एरियन रॉकेट के द्वारा फ्रेंच गुएना से प्रमोचित किया गया। 3,100 कि.ग्रा. का यह उपग्रह (चित्र-90) इनसैट श्रृंखला के अब तक प्रमोचित उपग्रहों में सबसे भारी उपग्रह है तथा इसका डिजाइन डायरेक्ट-टु-होम (डी.टी.एच.) प्रसारण की आवश्यकताओं को ध्यान में रखकर किया गया है। इस उपग्रह में 24 ट्रांसपोंडर हैं, जिसमें 12 सी-बैंड आवृत्ति के तथा 12 कू-बैंड आवृत्ति के ट्रांसपोंडर हैं। ट्रांसपोंडर किसी भी संचार उपग्रह का हृदय कहलाता है तथा इसी के द्वारा प्रेषण अभिग्रहण के कार्य संपन्न किए जाते हैं। यह पृथ्वी से आनेवाले सिग्नल की आवृत्ति में परिवर्तन करके उसे पुनः पृथ्वी की ओर भेजता है, जिससे पृथ्वी स्थित टर्मिनल इसका अभिग्रहण कर सकें। वस्तुतः कू-बैंड का अर्थ है 11,000 मेगाहर्ट्ज से 14,000 मेगाहर्ट्ज की आवृत्ति।

चित्र-90 : इनसैट-4 ए।

चित्र-91 : कार्टोसैट-2

कार्टोसैट-2 उपग्रह

वर्ष 2007 में भारत को विज्ञान के क्षेत्र में भरपूर सफलता प्राप्त हुई। इस वर्ष 10 जनवरी, 2007 को पी.एस.एल.वो. अंतरिक्ष प्रमोचन यान की पी.एस.एल.वी..सी-

चित्र-92 : एस.आर.ई.-1

7 उड़ान संपन्न हुई तथा इसके द्वारा 4 उपग्रह—भारत का कार्टोसैट-2 उपग्रह (चित्र-91)—भार 680 कि.ग्रा. एवं अंतरिक्ष कैप्स्यूल रिकवरी परीक्षण, एस.आर.ई.-1 (चित्र-92)—भार 550 कि.ग्रा. तथा दो विदेशी उपग्रह—इंडोनेशिया का लपान-टबसैट (भार 56 कि.ग्रा.) एवं अर्जेंटाइना का पेहुनसैट उपग्रह (भार 6 कि.ग्रा.) 673 कि.ग्रा. की ध्रुवीय कक्षा में स्थापित किए गए।

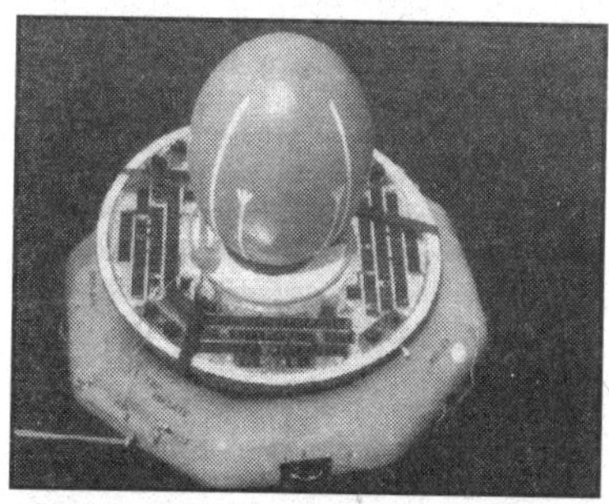

चित्र-93 : पानी पर तैरता अंतरिक्ष कैप्स्यूल।

कार्टोसैट-2 द्वारा भेजे जानेवाले आँकड़ों को भूसंपत्ति के स्तर पर मानचित्रण अर्थात् कार्टोग्राफी-अनुप्रयोगों में, शहरी तथा ग्रामीण बुनियादी ढाँचे के विकास व प्रबंधन में, भूमि सूचना-प्रणाली में और भौगोलिक सूचना प्रणाली में उपयोग किया जाएगा। इस उपग्रह में एक सॉलिड स्टेट रिकॉर्डर भी लगा है। 64 गीगा बिट्स क्षमता का यह रिकॉर्डर पैन कैमरे द्वारा कैद किए दृश्यों को जमा करता जाएगा और फिर भू-केंद्र के दृष्टि-क्षेत्र में आने पर इन चित्रों को इस केंद्र को भेज देगा।

चित्र-94 : बंगाल की खाड़ी में उतरा अंतरिक्ष कैप्स्यूल।

10 जनवरी, 2007 को प्रमोचन के बाद अंतरिक्ष रिकवरी कैप्स्यूल (चित्र-93) 637 कि.मी. की दूरी पर रहकर वृत्तीय कक्षा में पृथ्वी का चक्कर लगाता रहा तथा 22 जनवरी, 2007 को इसे अंतरिक्ष की कक्षा से पृथ्वी पर उतार लिया गया। बंगाल की खाड़ी में श्रीहरिकोटा केंद्र से 140 कि.मी. की दूरी पर इसे (चित्र-94) प्राप्त कर लिया गया। एस.आई.ई.-1 की सफल रिकवरी (पुनः प्राप्ति) कालांतर में भारतीय मानवयुक्त अंतरिक्ष उड़ान और सकुशल वापसी

की दिशा में एक महत्त्वपूर्ण कदम था।

चित्र-95 : इनसैट उपग्रह 4 बी।

इसरो का अगला प्रमोचन 12 मार्च, 2007 को संपन्न हुआ तथा इस दिन भारत के आधुनिकतम उपग्रह इनसैट-4 बी (चित्र-95) का सफल प्रमोचन एरियन स्पेस के प्रमोचन यान एरियन-5 के द्वारा कोरू स्थित फ्रेंच गुएना से किया गया। इनसैट-4बी उपग्रह का भार 3,025 कि.ग्रा. तथा इसकी अवधि बारह वर्ष है। इस उपग्रह के द्वारा भारत में डी.टी.एच. (डायरेक्ट-टु-होम) सेवाओं का प्रसार हुआ।

□

भारत का आधुनिकतम संचार उपग्रह : इनसैट-4 सी.आर.

भारत के भूस्थिर उपग्रह प्रमोचन यान (जी.एस.एल.वी.-एफ 04) ने 2 सितंबर, 2007 को सायं 6.20 बजे भारत के सतीश धवन अंतरिक्ष केंद्र (शार), श्रीहरिकोटा से आधुनिकतम भारतीय उपग्रह 'इनसैट-4सी.आर.' को भू-तुल्यकारी ट्रांसफर कक्षा (जी.टी.ओ.) में सफलतापूर्वक स्थापित किया। यह जी.एस.एल.वी. की पाँचवीं और चौथी सफल उड़ान थी। इनसैट-4 सी.आर. अब पृथ्वी भू-तुल्यकाली ट्रांसफर कक्षा में चक्कर लगा रहा है, जिसकी पेरिजी (पृथ्वी के सबसे समीप का बिंदु) 168 कि.मी. तथा अपोजी (पृथ्वी से सबसे दूरस्थ बिंदु) 34,710 कि.मी. है।

चित्र-96 : इनसैट-4 सी.आर.।

इनसैट-4 सी.आर. (चित्र-96) उपग्रह चौथी पीढ़ी के इनसैट उपग्रहों में तीसरा उपग्रह है। इसमें 12 उच्च पॉवरवाले कू-बैंड ट्रांसपोंडर हैं, जिनका डिजाइन डी.टी.एच. टेलीविजन सेवाओं, वीडियो पिक्चर प्रेषण (वी.पी.टी.) और डिजिटल उपग्रह न्यूज गैदरिंग (डी.एस.एन.जी.) के लिए किया गया है।

सारणी-15 में इसरो के द्वारा अब तक किए गए प्रमोचन दरशाए गए हैं—

सारणी-15

भारत के विभिन्न प्रमोचन

क्रम	प्रमोचन यान	प्रमोचन तिथि	परिणाम
1.	एस.एल.वी.-3 ई 1	10.08.79	आंशिक सफलता
2.	एस.एल.वी.-3 ई 2	18.07.80	सफल
3.	एस.एल.वी.-3 डी 1	31.05.81	सफल
4.	एस.एल.वी.-3 डी 2	17.04.83	सफल
5.	ए.एस.एल.वी.-डी 1	24.03.87	असफल
6.	ए.एस.एल.वी.-डी 2	13.07.88	सफल
7.	ए.एस.एल.वी.-डी 3	20.05.92	सफल
8.	ए.एस.एल.वी.-डी 4	04.05.94	सफल
9.	पी.एस.एल.वी.-डी 1	20.09.93	असफल
10.	पी.एस.एल.वी.-डी 2	15.10.94	सफल
11.	पी.एस.एल.वी.-डी 3	21.03.96	सफल
12.	पी.एस.एल.वी.-सी 1	29.09.97	सफल
13.	पी.एस.एल.वी.-सी 2	26.05.99	सफल
14.	पी.एस.एल.वी.-सी 3	22.10.01	सफल
15.	पी.एस.एल.वी.-सी 4	12.09.02	सफल
16.	पी.एस.एल.वी.-सी 5	17.10.03	सफल
17.	पी.एस.एल.वी.-सी 6	05.05.05	सफल
18.	पी.एस.एल.वी.-सी 7	10.01.07	सफल
19.	पी.एस.एल.वी.-सी 8	23.04.07	सफल
20.	जी.एस.एल.वी.-डी 1	18.04.01	सफल
21.	जी.एस.एल.वी.-डी 2	08.05.03	सफल
22.	जी.एस.एल.वी.-एफ 01	20.09.04	सफल
23.	जी.एस.एल.वी.-एफ 02	10.07.06	असफल
24.	जी.एस.एल.वी.-एफ 04	02.09.07	सफल
25.	पी.एस.एल.वी.-सी 12	20.04.09	सफल

रिसैट-2 उपग्रह

चित्र-97 : रिसैट-2 उपग्रह।

इसरो ने 20 अप्रैल, 2009 को श्रीहरिकोटा से माइक्रोवेव तकनीक से संचालित देश के पहले उपग्रह राडार इमेजिंग सैटेलाइट (रिसैट-2) और अनुसैट को प्रक्षेपण यान पी.एस.एल.वी.-सी 12 (चित्र-97) की सहायता से अंतरिक्ष की कक्षा में स्थापित कर दिया। पी.एस.एल.वी.-सी 12 ने प्रातः पौने सात बजे उड़ान भरी और 19 मिनट पश्चात् दोनों उपग्रहों को 550 कि.मी. की ऊँचाई पर स्थित उनकी कक्षा में स्थापित कर दिया। इजराइल द्वारा निर्मित और भारतीय अंतरिक्ष अनुसंधान संगठन (इसरो) द्वारा प्रक्षेपित रिसैट-2 किसी भी मौसम में कार्य कर सकता है। यह मौसम संबंधी भविष्यवाणियाँ करने के अलावा आपदा प्रबंधन में भी सहायता कर सकता है। इसरो आतंकवादी गतिविधियों पर अंतरिक्ष से निगरानी करने की क्षमता रखनेवाले चुनिंदा देशों में भारत का नाम भी जुड़ गया है।

□

उपग्रह संचार प्रणाली की विभिन्न क्षेत्रों में उपादेयता

वस्तुतः किसी स्थान पर भूकंप, बाढ़, चक्रवात जैसे प्राकृतिक संकट के एकाएक आ जाने पर सबसे पहले जिस कार्य की आवश्यकता होती है वह है, उन स्थानों से संपर्क स्थापित करना। परंतु यह भी प्रेक्षित किया गया है कि संपर्क स्थापित करने के सामान्य साधन, यथा—टेलीफोन, रेडियो, प्रसार केंद्र आदि ऐसे समय में ठीक ढंग से कार्य नहीं कर पाते हैं एवं अस्त-व्यस्त हो जाते हैं। इससे उन स्थानों से, जहाँ से सहायता प्राप्त की जा सकती है, संपर्क स्थापित करना समस्या बन जाती है तथा इससे अंततोगत्वा जन एवं धन की हानि में वृद्धि होती है।

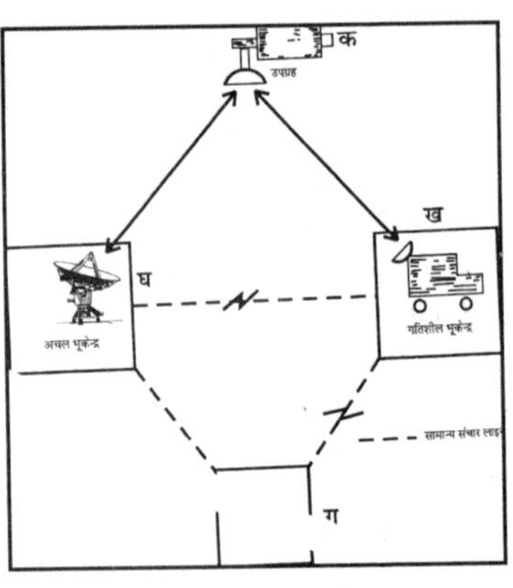

चित्र-98 : आपातकालीन उपग्रह संचार प्रणाली।

भू-उपग्रह बेतार रिसीवर, ट्रांसमीटर रिले यंत्रों, टेलीविजन कैमरों तथा अन्य इलेक्ट्रॉनिक तथा लेसर उपकरणों से युक्त होते हैं। वे आकाश में विचरण करते रहते हैं। अतएव उन पर भूकंप, बाढ़, चक्रवात आदि का बिलकुल प्रभाव नहीं पड़ता है। इन उपग्रहों द्वारा अपने आप संकटग्रस्त क्षेत्रों के चित्र लेने और प्रेषित करने में उनमें लगे उपकरण महत्त्वपूर्ण योगदान देते हैं।

वस्तुतः उपग्रह भू-व्यवस्था (सैटेलाइट अर्थ सिस्टम) उपग्रह संचार प्रणाली

के अत्यंत महत्त्वपूर्ण अंग होते हैं। उपग्रह संचार प्रणाली एक साथ अनेक टेलीफोन, दूरदर्शन, रेडियो चैनलों के प्रेषण एवं अभिग्रहण की क्षमता रखती है। उपग्रह के माध्यम से बहुत बड़े क्षेत्र में संचार व्यवस्था स्थापित की जा सकती है। सामान्यतया प्राकृतिक संकट के समय प्रयुक्त होनेवाले भू-उपग्रह केंद्र के सभी उपकरण (एंटेना को छोड़कर) एक जीप में लगे होते हैं। इन्हें आवश्यकतानुसार एक स्थान से दूसरे स्थान तक आसानी से ले जाया जा सकता है। इसे गतिशील भू-केंद्र कहते हैं। आपातकालीन उपग्रह संचार प्रणाली को चित्र-98 में दरशाया गया है।

उपग्रह संचार प्रणाली की विभिन्न क्षेत्रों में उपयोगिता निम्नवत् है—

उपग्रहों द्वारा खोज व बचाव

यह प्रेक्षित किया गया है कि खोज व बचाव उपग्रहों द्वारा प्रदान की जाने वाली महत्त्वपूर्ण सेवा है। इस सेवा का मुख्य उद्देश्य उस स्थान विशेष की भौगोलिक स्थिति का पता लगाना है, जहाँ पर दुर्घटना हुई तथा उसकी भौगोलिक स्थिति को माप लेने के पश्चात् वहाँ पर बचाव एवं सुरक्षा दल पहुँचाकर लोगों को सुरक्षित स्थानों तथा अस्पताल आदि तक पहुँचाना है। यह कार्य उपग्रहों के माध्यम से बहुत अच्छी तरह से संपन्न हो सकता है। खोज तथा बचाव सेवा के लिए अंतरराष्ट्रीय कार्यक्रम का नाम 'कोस्पास-सारसैट' कार्यक्रम है।

'कोस्पास' और 'सारसैट' दो विभिन्न प्रकार के उपग्रहों के नाम हैं। इनमें से प्रत्येक श्रेणी के दो-दो उपग्रह पृथ्वी की निम्न कक्षा में स्थापित किए गए हैं। ध्रुवीय कक्षा में विभिन्न कक्षाओं में स्थापित इन उपग्रहों को पृथ्वी का एक चक्कर लगाने में लगभग 100 मिनट लगते हैं तथा कक्षा में इनकी गति 7 कि.मी. प्रति सेकंड है। इस सेवा तंत्र को चित्र-99 में दरशाया गया है। इस सेवा का उपयोग कुछ विशेष परिस्थितियों में बड़ा उपयोगी होता है, जैसे—सुदूर क्षेत्र में दुर्घटनाग्रस्त हवाई जहाज अथवा समुद्र में दुर्घटनाग्रस्त पानी का जहाज अथवा किसी अन्य प्रकार की विषम परिस्थिति, यथा—बाढ़ इत्यादि में फँसे हुए लोग इत्यादि।

संगोष्ठी आयोजन एवं उपग्रह

पृथ्वी के विशाल क्षेत्र में संचार व्यवस्था स्थापित करने की क्षमता रखने के कारण उपग्रह संचार प्रणाली का उपयोग विभिन्न दूरस्थ स्थानों एवं भौगोलिक दृष्टि से पहुँच के बाहर के लोगों के बीच विभिन्न प्रकार की संगोष्ठियाँ तथा कार्यशालाएँ आयोजित करने में किया जा सकता है। इन संगोष्ठियों को दो भागों में विभक्त किया

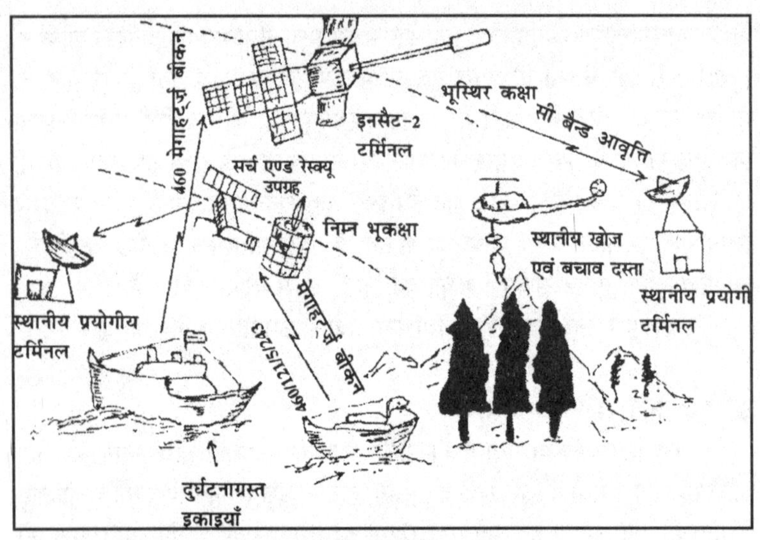

चित्र-99 : उपग्रहों द्वारा खोज व बचाव सेवा।

गया है—(1) ऑडियो उपग्रह संगोष्ठी तथा (2) वीडियो उपग्रह संगोष्ठी।

वर्तमान में लोगों का व्यक्तिगत जीवन इतना व्यस्त होता जा रहा है कि कभी-कभी किसी विशेष स्थान या किसी विशेष शहर में जाकर किसी सभा या समारोह में भाग लेना कठिन एवं बिलकुल असंभव हो जाता है। वस्तुतः इसका एक प्रमुख कारण गंतव्य स्थान तक पहुँचने के लिए लंबी दूरियों का तय करना है, जिससे धन का व्यय भी बहुत होता है। लोगों का एक शहर में जाकर दूसरे शहर के अन्य लोगों से मिलने के तरीके को संदेश प्रक्रिया (Information Processing) कहते हैं। संदेश प्रक्रिया, संचार साधनों जैसे—उपग्रह संचार तकनीक, सूक्ष्म तरंग तकनीक या कोएक्सल केबल के प्रयोग से की जा सकती है, जिसके द्वारा लोगों को अनावश्यक आवागमन की समस्या से छुटकारा मिल सकता है। इससे धन की भी बचत होती है।

ऑडियो उपग्रह गोष्ठियों में विभिन्न दूरस्थ स्थानों से भाग लेनेवाले भागीदार केवल एक-दूसरे के विचारों को सुन सकते हैं, परंतु एक-दूसरे को देख नहीं सकते। वीडियो उपग्रह गोष्ठियों में एक-दूसरे के विचारों को सुनने के साथ-साथ एक-दूसरे को देखा भी जा सकता है। उपग्रहों के द्वारा आयोजित संगोष्ठियों को (चित्र-100) में दरशाया गया है।

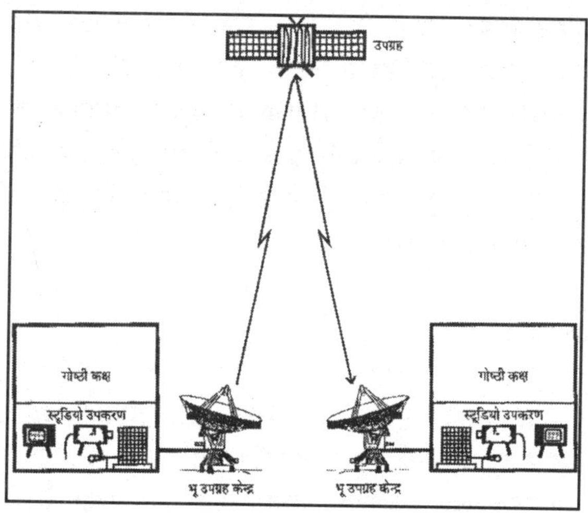

चित्र-100 : उपग्रहों के द्वारा आयोजित संगोष्ठियाँ।

वी-सैट तकनीक द्वारा व्यावसायिक संचार

व्यावसायिक युग में संचार की न केवल महती भूमिका है वरन् बहुत आवश्यकता है। व्यावसायिक संस्थान तथा अन्य महत्त्वपूर्ण संस्थाएँ स्थानीय संचार पर आश्रित होने के बजाय विश्वसनीय संचार की आवश्यकता को सोचने लगे हैं। 'वी-सैट' संचार व्यवस्था इसी का परिणाम है, जो तेजी से व्यावसायिक संचार व्यवस्था की आपूर्ति में प्रयोग में लाई जा रही है।

वस्तुत: वी-सैट का शाब्दिक तात्पर्य Very Small Aperture Terminal अर्थात् अत्यधिक लघु आकार के टर्मिनल से है, जो एक प्रेषण/अभिग्राही (Transinit/Receive) टर्मिनल या भूकेंद्र होता है तथा इसके द्वारा आँकड़ा (डाटा), ध्वनि तथा वीडियो सिग्नलों का प्रेषण और अभिग्रहण किया जा सकता है। वी-सैट संचार व्यवस्था का उद्‌भव भी उपग्रह संचार प्रणाली से है तथा इसमें भी उपग्रहों का ही प्रयोग किया जाता है।

पारंपरिक टेलीफोन संचार व्यवस्था की भाँति वी-सैट संचार प्रणाली में किसी भी प्रकार की डायलिंग की आवश्यकता नहीं होती है, किसी रेस्पांस (उत्तर) के विलंब की समस्या नहीं होती तथा संचार व्यवस्था में किसी भी प्रकार का व्यवधान भी नहीं आता है। वी-सैट टर्मिनल तुरंत संचार कनेक्शन प्रदान करते हैं तथा संचार और गुणवत्ता भी उच्च कोटि की होती है। इसमें सभी तरह की सूचनाओं का स्थानांतरण और आदान-प्रदान भी आसानी से हो सकता है।

वी–सैट संचार प्रणाली के अधिक उपयोग का कारण इसकी सरलता, विश्वसनीयता, प्रबंधन की सहजता, नेटवर्क टोपोलॉजी की सरलता, सेवाओं में विविधता तथा सब तरह की नेटवर्क सेवाओं के लिए एक स्थान से ही संपर्क की आवश्यकता। वी–सैट तकनीक उपभोक्ताओं को भौगोलिक दृष्टि से पहुँच के बाहर के क्षेत्रों को आपस में जोड़ने के लिए तथा अबाधित संचार के लिए आर्थिक दृष्टि से एक सस्ता तरीका प्रदान करती है।

टेलीमेडिसिन तकनीक

इसे दूर चिकित्सा भी कहते हैं। इसके द्वारा चिकित्सा संबंधी सलाह दूरसंचार और सूचना प्रौद्योगिकी द्वारा भूमंडलीय (ग्लोबल) रूप में शीघ्रातिशीघ्र प्राप्त की जा सकती है। इसमें दूरस्थ स्थानों से रोगी व चिकित्सक का परस्पर संपर्क स्थापित हो जाता है तथा चिकित्सक आवश्यक परामर्श प्रदान कर सकता है। आँकड़ों के अनुसार इस प्रकार के 'टेलीकंसल्टेशन' के द्वारा चिकित्सा क्षेत्र के खर्चे में विशाल पैमाने की बचत की जा सकती है। दूर चिकित्सा की यह तकनीक इतनी अधिक विकसित हो चुकी है कि यह सेवा इंटरनेट पर भी उपलब्ध हो चुकी है। वर्तमान परिप्रेक्ष्य में टेलीमेडिसिन (चित्र–101) का अधिकाधिक उपयोग समय की माँग बन गई है।

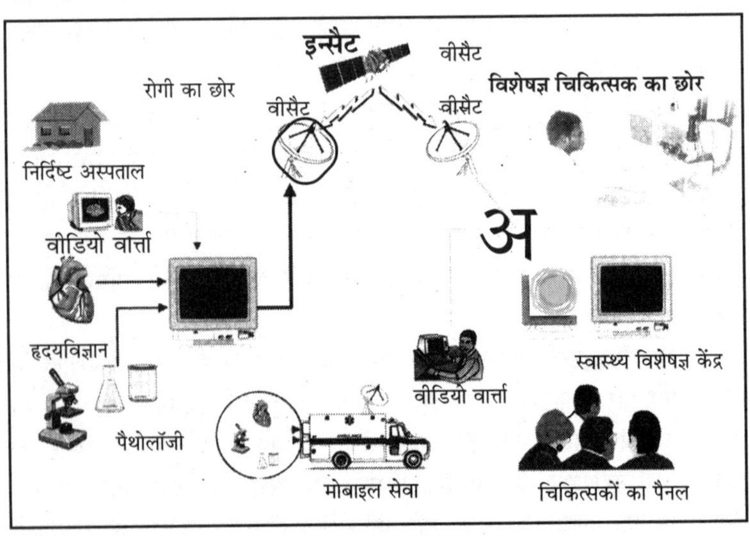

चित्र–101 : दूर चिकित्सा।

टेलीमेडिसिन को सबसे बड़ा बल मिला है उपग्रह संचार प्रणाली से, जो वर्तमान में संचार की एक अत्यधिक शक्तिशाली प्रौद्योगिकी है। इस प्रौद्योगिकी के कारण आज टेलीमेडिसिन उपकरणों की लागत लगभग आधी हो गई है। चिकित्सा के क्षेत्र में तथा स्वास्थ्य के प्रति लोगों की बढ़ती जागरूकता के कारण टेलीमेडिसिन सेवा के क्षेत्र में अच्छी प्रगति देखने को मिली है तथा आज यह सेवा व्यावसायिक रूप ले रही है।

हमारे देश में इस चिकित्सा परियोजना का शुभारंभ 3 जुलाई, 2002 को अंडमान निकोबार से हुआ। इसी प्रकार कर्नाटक, श्रीहरिकोटा रेंज, त्रिपुरा, असम, लद्दाख तथा केंद्र-शासित प्रदेश लक्षद्वीप में भी टेलीमेडिसिन परियोजनाएँ सफलता से चल रही हैं।

नौ-संचालन में उपग्रहों की भूमिका

जब पानी के जहाज अथवा वायुयान अपनी लंबी यात्राओं पर निकलते हैं तो यात्रा के दौरान उन्हें कुछ बातों की हर समय आवश्यकता पड़ती है, जैसे कि वे जिस स्थान से गुजर रहे हैं उसकी भौगोलिक स्थिति (अक्षांश, देशांतर और समुद्र सतह से ऊँचाई) क्या है? उस समय, समय कितना है? उन्हें कौन से मार्ग पर चलना है अथवा उन्हें कहाँ से मुड़ना है इत्यादि। यात्रा के दौरान जलयानों अथवा वायुयानों को इस तरह की सूचना से अवगत होते रहने की प्रक्रिया को 'नौ-संचालन' कहते हैं।

नौ-संचालन के समुचित साधन जलयानों एवं वायुयानों को अनेक प्रकार की दुर्घटनाओं से बचाते हैं तथा उनका मार्गदर्शन करते हैं। प्रारंभ में जब नौ-संचालन के समुचित साधन नहीं थे, उस समय नक्षत्रों की स्थिति और चुंबकीय कंपास के द्वारा काम चलाया जाता था। परंतु कृत्रिम उपग्रहों के आविर्भाव से नौ-संचालन प्रक्रिया बहुत आसान हो गई हैं। उपग्रह के द्वारा नौसंचालन को चित्र-102 में वर्णित किया गया है।

आज उपग्रहों से सिग्नल प्राप्त करके नौ-संचालन की प्रक्रिया बहुत ही सहज हो गई है।

उपग्रह आधारित नौ-संचालन प्रक्रिया में एक विशेष प्रकार के उपग्रह तंत्र का उपयोग किया जाता है, इसे 'ग्लोबल पोजिशनिंग सिस्टम' अथवा लघु रूप में जी.पी.एस. कहते हैं। आज लगभग प्रत्येक जलयान अथवा वायुयान अपनी यात्राओं के दौरान जी.पी.एस. तंत्र का उपयोग करता है। वस्तुतः यह एक ऐसा आश्चर्यजनक तंत्र है, जिससे यह तत्काल पता चल जाता है कि आप विश्व में किस स्थान पर हैं।

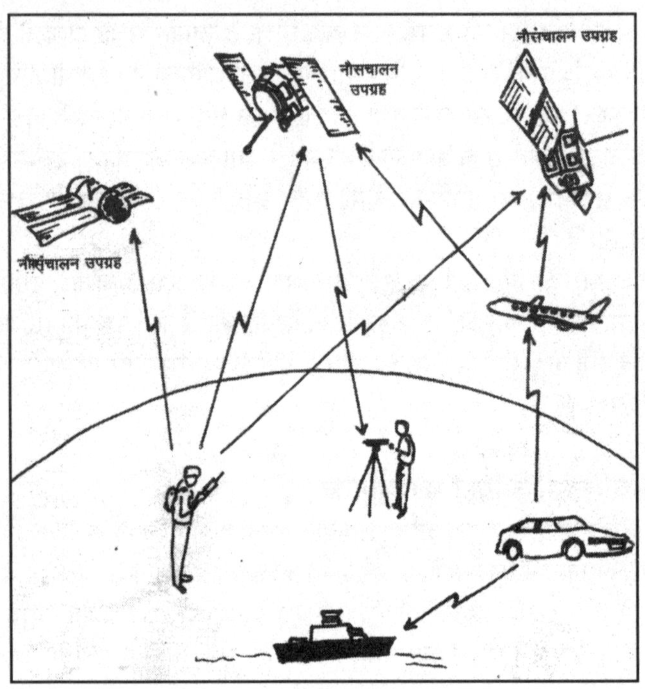

चित्र–102 : उपग्रहों के द्वारा नौ–संचालन।

इस कारण प्रत्येक जलयान या वायुयान में जी.पी.एस. रिसीवर लगा होता है, जिससे इस प्रकार की भौगोलिक सूचना लगातार प्राप्त होती रहती है। जी.पी.एस. तंत्र की उपयोगिता अनेक रूपों में बढ़ती जा रही है तथा इसने नौ–संचालन के क्षेत्र में महान् क्रांति ला दी है। इसकी कार्यप्रणाली उपग्रहों से प्राप्त संकेतों पर निर्भर करती है। इसके कार्य में मौसम अथवा ऋतु अथवा दैनिक परिवर्तन कोई भी बाधा नहीं डाल पाते हैं।

जी.पी.एस. का पूर्ण रूप से उपयोग सन् 1994 से शुरू हुआ। इसमें 24 उपग्रहों में से 21 उपग्रहों की आवश्यकता होती है और 3 उपग्रह अतिरिक्त रहते है। (चित्र–103)। ये उपग्रह पृथ्वी से लगभग 20,000 कि.मी. की ऊँचाई पर पृथ्वी के चारों ओर कक्षीय तल में चक्कर लगाते हैं और भूमध्यीय तल पर 55° के कोण पर झुके रहते हैं। उपग्रहों की संख्या में परिवर्तन होता रहता है।

जी.पी.एस. के लिए बिजली, सौर ऊर्जा अथवा बैटरी की आवश्यकता होती है। इसका मूल्य भी कंप्यूटरों की भाँति घट रहा है। इस कारण इसका प्रयोग

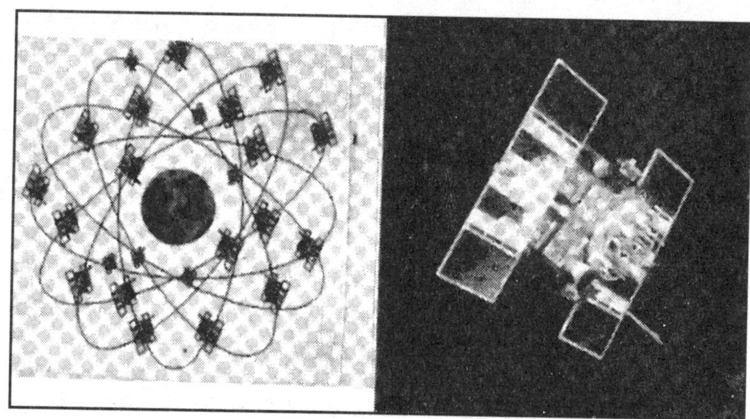

चित्र-103 : जी.पी.एस. में 24 उपग्रहों में से 21 का उपयोग।

वैज्ञानिक अध्ययनों के अतिरिक्त अन्य क्षेत्रों, जैसे निजी वाहनों (रास्ता ढूँढ़ने के लिए) आदि में भी लगातार बढ़ता जा रहा है।

भारत में जी.पी.एस. कार्यक्रम—सन् 1995 में भारत सरकार के अंतरिक्ष विभाग ने एक राष्ट्रीय समिति बनाई, जिससे जी.पी.एस. द्वारा भू-गतिकीय अध्ययन किए जा सकें। इसके अनुसार भारत में स्थायी निर्देश स्टेशन, चार स्थायी मॉनीटरन स्टेशन और कई चल इकाई यानी मोबाइल स्टेशनों का कार्यक्रम बनाया गया। वस्तुतः भारत में लातूर भूकंप (1993) के बाद जी.पी.एस. का प्रयोग किया गया है तथा अंतरराष्ट्रीय जी.पी.एस. कार्यक्रम के अंतर्गत बंगलौर में एक स्टेशन भी खोला गया है।

विज्ञान तथा प्रौद्योगिकी विभाग ने एक समिति का गठन किया, जिसके अनुसार भारत में स्टेशनों का प्रावधान किया गया। इसमें भारतीय सर्वेक्षण विभाग (देहरादून), भारतीय भूकंपीय संस्थान (मुंबई), वाडिया इंस्टीट्यूट (देहरादून) तथा राष्ट्रीय भू-भौतिकी अनुसंधान संस्थान (हैदराबाद) आदि भाग ले रहे हैं।

जी.पी.एस. का प्रयोग इतना व्यापक होता जा रहा है कि प्रत्येक भूकंप वेधशाला पर भूकंपीय तरंगों के सही समय का पता लगाने के लिए देश के मौसम विज्ञान विभाग और अन्य संस्थाओं द्वारा इसका उपयोग किया जा रहा है। इससे भूकंपों के उत्केंद्र निकालने में महत्त्वपूर्ण परिशुद्धता प्राप्त हुई है।

जी.पी.एस. के द्वारा पृथ्वी के घूमने की सही दर की गणना हो सकती है। अंतरिक्ष यानों में भी जी.पी.एस. का प्रयोग बढ़ता जा रहा है। जी.पी.एस. की सहायता से वायुयान हवाई अड्डों पर आसानी से उतर पाते हैं। जी.पी.एस. और रेडियो

(एच.एफ.एच.एफ.) के संयुक्त उपयोग से जल, थल तथा वायु सेनाओं में सैनिकों को कंट्रोल स्टेशन पर बिना मानचित्रों के पहुँचाने में सहायता प्राप्त होती है। भारत में इनका प्रयोग कुछ ट्रकों में भी प्रारंभ किया गया है। जी.पी.एस. का उपयोग मछली पकड़ने में तथा प्राकृतिक आपदाओं में सहायता पहुँचाने में भी किया जा रहा है।

संचार उपग्रहों के द्वारा सुदूर शिक्षा

यह प्रेक्षित किया गया है कि सुदूर शिक्षा अथवा डिस्टेंस एजुकेशन के क्षेत्र में संचार उपग्रहों ने महत्त्वपूर्ण भूमिका निभाई है। वस्तुतः सुदूर शिक्षा का तात्पर्य है कि अध्यापक एक स्थान से अपना व्याख्यान देता है, जिसे हम प्रेषण छोर कह सकते हैं तथा उसके व्याख्यान को अनेक सुदूर क्षेत्रों से सुना जा सकता है और व्याख्यान के अंत में विभिन्न स्थानों से व्याख्यान को सुन रहे विद्यार्थी अपने-अपने प्रश्न भी व्याख्याता को पूछ सकते हैं। व्याख्यान ऑडियो तथा वीडियो मोड में होता है, परंतु विद्यार्थी अपने प्रश्न केवल ऑडियो मोड में ही पूछ सकते हैं।

सुदूर शिक्षा शिक्षा के क्षेत्र में एक नया विकास है, जो मूल रूप से इन्हीं संचार तकनीकों तथा सूचना तकनीकों पर निर्भर करता है। निर्देशों को पहुँचाने की यह नई प्रणाली अर्थात् सुदूर शिक्षा ने सारे विश्व के शिक्षण स्थानों को अपने साथ लेकर चलने का प्रयास किया है।

सुदूर शिक्षा के क्षेत्र में संचार उपग्रहों के सबसे अधिक उपयोगों में पहला एक-से-एक (वन-टु-वन) सूचना प्रेषण, जैसे ऑडियो कॉन्फ्रेंसिंग और वीडियो कॉफ्रेंसिंग एवं डाटा का आदान-प्रदान करना है तथा दूसरा उपयोग एक-से-अनेक (वन-टू-मैनी) सूचना प्रेषण है, जिसमें एक सिग्नल को एक साथ अनेक रिसीवरों तक भेजा जाता है, जिसके अंतर्गत व्यावसायिक टेलीविजन सेवा, केबल टेलीविजन सेवा और सार्वजनिक टेलीविजन सेवा आती है।

आज विश्व में अनेक संस्थान और संस्थाएँ उपग्रह संचार नेटवर्क का प्रयोग करके विद्यार्थियों के लिए अनेक पाठ्यक्रमों को संपन्न करा रही हैं तथा इस व्यवस्था में विद्यार्थी अनेक सुदूर क्षेत्रों के होते हैं। भारत में संपन्न (1975 में) विश्व का सबसे विशाल जनसंचार (मास कम्युनिकेशन) प्रयोग 'साइट'—सैटेलाइट इंस्ट्रक्शनल टेलीविजन एक्सपेरीमेंट शिक्षण के क्षेत्र में उपग्रहों का पहला विशेष योगदान था। भारत में सन् 1985 में स्थापित इंदिरा गांधी मुक्त विश्वविद्यालय सुदूर शिक्षा के क्षेत्र में उपग्रहों के द्वारा देश को महत्त्वपूर्ण शिक्षा सेवाएँ प्रदान कर रहा है।

उपग्रहों द्वारा इंटरनेट सेवा

उपग्रह सेवाएँ प्राय: भू-आधारित सेवाओं (जैसे—टेरेस्ट्रियल फाइबर लिंक) की अपेक्षा तीव्रता से प्रचालित की जा सकती हैं। एक एंटेना, मोडम और उपग्रह सर्किट कुछ सप्ताह में ही प्रचालित किए जा सकते हैं, जबकि स्थलीय फाइबर में महीनों लगते हैं। उपग्रहों का ब्रॉडकास्ट गुण सूचना को एक साथ तथा एक समय में विशाल भौगोलिक क्षेत्र में बिना स्थलीय ढाँचे और भौगोलिक व्यवधानों के पहुँचाने की क्षमता रखता है।

उपग्रह आधारित इंटरनेट के अनेक नेटवर्किंग विकल्प भी उपलब्ध हैं तथा इसका कारण उपग्रहों के तंत्रों के विभिन्न कक्षीय डिजाइन हैं, जैसे—भू-स्थिर कक्षीय, मध्यवर्ती कक्षीय और निम्न ऊँचाई कक्षीय, नीतभार चयनों की स्वतंत्रता रिजनरेटिव श्रेणी के ट्रांसपोंडर अथवा बेंट पाइप डिजाइन के ट्रांसपोंइडर और उपग्रहों में प्रयुक्त की जानेवाली अंत: उपग्रह लिंक।

एक उपग्रह नेटवर्क इंटरनेट के मुख्य आधार की भाँति कार्य कर सकता है, एक उच्च गति नेटवर्क की भाँति कार्य कर सकता है अथवा दोनों कार्य कर सकता है। उपग्रह को इंटरनेट के मुख्य आधार की भाँति प्रयोग करने के कार्य अटलांटिक सैटनेट को प्रयोग करके किए जा चुके हैं। फिर भी उपग्रह तकनीकों में तीव्र वृद्धि एवं विकास तथा आर्थिक दृष्टि से सस्ते संचार टर्मिनल वी-सैट का उपयोग करके उपभोक्ताओं को नेटवर्क अभिगम (ऐक्सेस) बिंदु से जोड़ने का विचार बहुत महत्त्वपूर्ण सिद्ध हुआ है तथा यह एक नया प्रयोग भी है।

□

विश्व के कुछ प्रमुख उपग्रह संचार तंत्र

विश्व में आज उपग्रह संचार प्रणाली को प्रचालित करनेवाली अनेक संस्थाएँ एवं कंपनियाँ हैं। इनमें कुछेक का विवेचन निम्नवत् है—

इंटेलसैट

किसी भी देश के संचार साधनों में होनेवाले अधिकाधिक सुधार उस देश में होनेवाले आर्थिक, सामाजिक एवं राजनीतिक विचार पर निर्भर करते हैं तथा इन विकासों का सीधा संबंध उस देश के राष्ट्रीय विकास से होता है। इन विकासों के लिए संचार तंत्र कितना प्रभावी है, वह इस बात पर निर्भर करता है कि संचार तकनीकें कितनी आधुनिकतम हैं। इन सभी बातों को ध्यान में रखते हुए 'इंटेलसैट' संस्था का निर्माण किया गया। वस्तुतः इंटेलसैट का तात्पर्य अंतरराष्ट्रीय दूरसंचार उपग्रह संगठन (International Tele Communication Satellite Organisation) है। यह एक अंतरराष्ट्रीय संस्था है, जिसे विश्व के कई देशों ने मिलकर बनाया है। इसका मुख्य केंद्र वाशिंगटन में है। इसकी स्थापना अगस्त 1964 में की गई। उस समय 11 देश इसके सदस्य बने। इंटेलसैट संस्था का मुख्य उद्देश्य है—संचार उपग्रहों का निर्माण तथा अंतरिक्ष में उपग्रहों को छोड़ना, जिससे संस्था के सदस्य देश इन संचार उपग्रहों का प्रयोग करके अपनी अंतरराष्ट्रीय और राष्ट्रीय दूरसंचार समस्या सुलझा सकें। वर्तमान में इस संस्था के 144 देश सदस्य हैं। 'इंटेलसैट' एक ऐसी अंतरराष्ट्रीय संस्था है, जिसमें सदस्य देशों का कई लाख डॉलर का पूँजी निवेश किया हुआ है। संचार उपग्रहों के प्रयोग के अनुसार इस संस्था को आर्थिक लाभ होता है तथा इस अर्जित लाभ को सदस्य देशों में उनके हिस्से के अनुसार बाँट दिया जाता है।

इनमारसैट (समुद्री संचार की प्रमुख संस्था)

समुद्री संचार का महत्त्व इतना बढ़ गया है कि यह संचार सेवा के साथ-साथ हजारों लोगों के जीविकोपार्जन का साधन बन गया है। परंतु विगत कुछ वर्षों में नौ-परिवहन के क्षेत्र में हुए विपुल विकास ने इस क्षेत्र में अनेक आवश्यकताओं को जन्म दिया है। इसी बात को दृष्टिगत रखते हुए 'इनमारसैट' संस्था की स्थापना की गई है। 'इनमारसैट' का अर्थ है—अंतरराष्ट्रीय समुद्रीय उपग्रह संगठन। यह एक अंतरराष्ट्रीय संस्था है, जिसे कई देशों ने मिलकर प्रतिष्ठापित किया है। इस संस्था का मुख्य उद्देश्य अंतरिक्ष में ऐसे संचार उपग्रहों को प्रमोचित करना है, जिन्हें सदस्य देश अपने-अपने समुद्रवर्ती जहाजों से संचार व्यवस्था स्थापित करने के लिए प्रयोग में ला सकें तथा सामान्य संचार के अतिरिक्त संकट के समय समुद्रवर्ती जहाजों की सहायता कर सकें।

यूटेलसैट

यह विश्व की तीसरे नंबर की उपग्रह संचार संस्था है। इस संस्था के 23 व्यावसायिक संचार उपग्रह हैं, जिनमें 20 उपग्रह पूर्णरूप से इसी संस्था के हैं। इस संस्था की उपग्रह संचार सीमा अमेरिका से पैसिफिक देशों तक है। इसमें ऐसे उपभोक्ता हैं, जिन्हें वीडियो ब्रॉडकास्टिंग सेवाएँ, व्यावसायिक नेटवर्क समाधान, विस्तृत बैंड चौड़ाई इंटरनेट पहुँच, मल्टीकास्ट फाइल डिलीवरी और स्ट्रीमिंग समाधान, मोबाइल संचार और पोजीशनिंग तंत्र की आवश्यकता पड़ती है।

यूटेलसैट संस्था का उपग्रह संचार तंत्र इसके 23 उपग्रहों पर आधारित है तथा इसका मुख्यालय पेरिस में है। यह संस्था 1,300 से भी अधिक टेलीविजन चैनलों का प्रेषण करती है तथा 800 रेडियो स्टेशनों को सहयोग प्रदान करती है। इस प्रकार, लगभग 10.7 करोड़ घरों को केबल कनेक्शन अथवा डायरेक्ट-टु-होम टेलीविजन सेवाएँ प्रदान करती है। डब्ल्यू-3ए यूटेलसैट के अत्याधुनिक उपग्रह (चित्र-104) की शृंखला में एक अन्य कड़ी है, जिसमें 50 कू-बैंड ट्रांसपोंडरों का प्रयोग हुआ है। इस उपग्रह का वर्ष 2004 में

चित्र-104 : यूटेलसैट डब्ल्यू-3ए उपग्रह।

प्रमोचन हुआ। अपनी 40 डिग्री पूर्व देशांतर स्थिति में रहते हुए यह उपग्रह संपूर्ण यूरोप का कवरेज करेगा तथा सी-सैट और डब्ल्यू-5 उपग्रहों की समतुल्य सेवाएँ भी प्रदान करेगा।

एशियासैट

एशिया सैटेलाइट टेलीकम्युनिकेशन कंपनी लिमिटेड (एशियासैट) की स्थापना एशिया महाद्वीप के प्रथम प्राइवेट स्वामित्ववाले रीजलन ऑपरेटर के रूप में वर्ष 1988 में की गई। इस संस्था के प्रथम उपग्रह एशियासैट-1 का प्रमोचन 7 अप्रैल, 1990 को किया गया और तब से यह कंपनी गुणवत्तावाली उपग्रह संचार सेवाएँ प्रदान कर रही है। एशियासैट-2 उपग्रह लॉन्गमार्च 2ई रॉकेट के द्वारा नवंबर 1995 में प्रमोचित हुआ तथा जनवरी 1996 में इसने व्यावसायिक सेवा प्रारंभ कर दी। एशियासैट-2 की अंतरिक्ष स्थिति 100.5 पूर्व देशांतर थी तथा एशिया महाद्वीप के लिए प्रमोचित किया जानेवाला यह सबसे शक्तिशाली उपग्रह था, जिसमें 53 देशों और भूखंडों की संचार कवरेज की क्षमता थी तथा जिसने विश्व की 66 प्रतिशत जनसंख्या संचार सुविधाएँ प्रदान कीं। 11 अप्रैल, 2003 को एशियासैट का आधुनिकतम उपग्रह एशियासैट-4 अटलस III बी रॉकेट के द्वारा केप क्रेनेवेरल से प्रमोचित किया गया।

एशियासैट संस्था के उपग्रह ब्रॉडकास्ट तथा दूरसंचार उद्योग को अपनी सेवाएँ प्रदान करते हैं। इस कंपनी के द्वारा 60 से अधिक सार्वजनिक व प्राइवेट टेलीविजन और रेडियो प्रसारकों को सेवाएँ प्रदान की जा रही हैं, जिनमें शताधिक अनालॉग और डिजिटल टेलीविजन चैनल तथा 100 रेडियो चैनल शामिल हैं।

अरबसैट

सन् 1967 में अरब देशों ने एक उपग्रह संचार नेटवर्क की स्थापना पर विचार किया, जिससे अरब देशों के सांस्कृतिक और सामाजिक विकास को एक नया आयाम दिया जा सके। इसके नौ वर्ष बाद 14 अप्रैल, 1976 को अरब उपग्रह संचार संस्था (अरबसैट) की स्थापना की गई तथा इसको अरब देशों के लिए उपग्रह संचार तंत्र की स्थापना का दायित्व सौंपा गया। अरबसैट संस्था के प्रथम पीढ़ी के उपग्रहों का विकास सन् 1981 में फ्रांस की एरोस्पैटियल संस्था के साथ समझौते के बाद प्रारंभ हुआ। इस समझौते में अरबसैट-1 ए, अरबसैट-1 बी तथा अरबसैट-1 सी यानी तीन उपग्रहों के निर्माण का प्रावधान रखा गया।

दूसरी पीढ़ी के अरबसैट उपग्रहों, यथा अरबसैट-2 ए, 2 बी, 2 सी एवं 2 डी का प्रमोचन क्रमशः 9 जुलाई; 1996, 13 नवंबर, 1996; 28 अगस्त, 1997 और 9 सितंबर, 1998 को हुआ। इसी प्रकार चौथी पीढ़ी के उपग्रहों अरबसैट-4 ए और 4 बी का प्रमोचन सन् 2005 एवं 2006 में हुआ।

अंतरराष्ट्रीय उपग्रह संचार संस्था-सेस ग्लोबल

सेस ग्लोबल उपग्रह संचार संस्था ग्लोबल उपग्रह संचार के क्षेत्र में एक बड़ा नाम है। सेस ग्लोबल के अंतर्गत कई बड़ी कंपनियाँ आती हैं, जिनके नाम हैं— सेस आस्ट्रा, सेस अमेरीकाम, अमेरीकाम एशिया, एशिया सैट, नार्डिक सैटेलाइट ए-बी (एन.एस.ए.बी.), नाहुलसैट, स्टार वन और सैटलिक्स। इनमें कुछेक का वर्णन अधोलिखित है—

1. **आस्ट्रा उपग्रह**—यह यूरोप का बहुत बड़ा सेवा प्रदायक उपग्रह तंत्र है जिसके अंतर्गत विशाल पैमाने पर डायरेक्ट-टु-होम टेलीविजन अभिग्रहण तथा रेडियो और इंटरनेट प्रोटोकॉल आधारित सेवाएँ प्रदान की जाती हैं। आस्ट्रा समूह उपग्रहों में 13 उपग्रह हैं। भारत में इसरो ने भी इस तकनीक का प्रयोग किया है। इसे उपग्रहों का 'को-लोकेशन' कहते हैं।
2. **अमेरीकाम एशिया पैसिफिक**—इस संस्था का उपग्रह है ए.ए.पी-1 (जिसका प्रारंभिक नामक जी.ई-1 था तथा जिसका प्रमोचन अक्तूबर 2000 में किया गया)। यह संस्था उच्च पॉवरवाली संचार क्षमता तथा स्टेट-ऑफ-ऑर्ट सेवाएँ प्रदान करती है। यह अपनी सेवाएँ पूरे एशिया महाद्वीप में तीन विभिन्न कवरेज बीमों (कू-बैंड में) के माध्यम से प्रदान करती है जो चीन, दक्षिण एशिया और उत्तर-पूर्व एशिया की ओर उन्मुख हैं।
3. **नाहुलसैट**—सेस ग्लोबल का नाहुलसैट में 28.75 प्रतिशत हिस्सा है तथा इसका आधार अर्जेंटाइना में है। नाहुलसैट संस्था प्रेषण के लिए ट्रांसपोंडर क्षमता दक्षिण अमेरिकी क्षेत्रों के लिए प्रदान करती है।
4. **पैनेमसैट उपग्रह संचार संस्था**—पैनेमसैट संस्था का ग्लोबल उपग्रह तंत्र अमेरिका, यूरोप, अफ्रीका, मिडिल-ईस्ट और एशिया क्षेत्रों को संचार कवरेज प्रदान करने में सक्षम हैं। पैनेमसैट संस्था के उपग्रहों के नाम गैलेक्सी, पैस, होराइजन या एस.बी.एस. से प्रारंभ होते हैं।

अन्य देशों के घरेलू उपग्रहों में रूस का मोल्नियां उपग्रह तंत्र विश्व का

प्रथम घरेलू उपग्रह संचार तंत्र है। विश्व के दूसरे घरेलू उपग्रह तंत्र का नाम है 'टेलीसैट', जो कि कनाडा की संस्था है। इस संस्था के घरेलू उपग्रहों का नाम अनिक है। रूस की भाँति ऑस्ट्रेलिया भी ऐसा देश है, जो उपग्रह संचार प्रणाली के लिए बहुत ही उपयुक्त है। इसके घरेलू उपग्रह संचार तंत्र का नाम 'आससैट' है। इसी प्रकार ब्राजील का भी 'ब्राजीलसैट' उपग्रह है। फ्रांस तथा इंडोनेशिया के घरेलू उपग्रह तंत्र 'टेलीकाम' तथा 'पलापा' हैं। इटली के घरेलू उपग्रह तंत्र का नाम 'ईटलसैट' है। जापान के घरेलू उपग्रह तंत्रों के कुछ उपग्रह हैं—बीएस-2 बी, सीएस-2 ए, सीएस-2बी, जीएम 3, जैसीसैट-1, 2 तथा सुपरबर्ड-1, 2 इत्यादि हैं। इसी प्रकार अमेरिका के घरेलू उपग्रह तंत्र का नाम 'वेस्टार' है।

□

सुदूर संवेदन तकनीक एवं उपयोगिता

वस्तुतः किसी भी वस्तु की जानकारी के लिए, उसके बिना भौतिक संपर्क में आए, दूर से ही संवेदन कर उसका मापन किए जाने को 'सुदूर संवेदन' कहते हैं। साधारण शब्दों में कहा जाए तो सुदूर संवेदन किसी भी वस्तु को स्पर्श किए बिना उसके बारे में दूर से ही पूरी जानकारी प्राप्त कर उसकी पहचान करना है।

सुदूर संवेदन में पृथ्वी पर विद्यमान आकृतियों की पहचान पृथ्वी की सतह से परावर्तित-उत्सर्जित होनेवाले विद्युत्-चुंबकीय विकिरण द्वारा की जाती है। आँखों द्वारा चीजों का दिखाई पड़ना सुदूर संवेदन का सबसे बढ़िया उदाहरण है। विभिन्न वस्तुओं द्वारा परिवर्तित प्रकाश के आँखों पर पड़ने के कारण हमें चीजें दिखाई देती हैं। वस्तुतः हमारी आँख संवेदक है तथा तंत्रिका तंत्र द्वारा आँखों में प्राप्त सूचनाओं को मस्तिष्क में भेजा जाता है। मस्तिष्क इन सूचनाओं के आधार पर दिखनेवाली वस्तु की स्थिति एवं उसकी पहचान करता है। रडार द्वारा किसी प्रक्रिया का पता लगाना, कैमरे के माध्यम से हवाई चित्र लेना, आँखों से वस्तुओं को देखना अथवा उपग्रह प्रतिबिंब बनाना ये सभी सुदूर संवेदन के उदाहरण हैं।

यदि संवेदनयुक्त प्लेटफॉर्म भूमि पर है तो इसे भूमि पर आधारित सुदूर संवेदन (Ground Based Remote Sensing) कहते हैं। यदि यह 100 कि.मी. ऊँचाई पर वायुयान, गुब्बारा या रॉकेट जैसे छोटी सीमा क्षेत्र क्षमतावाला है तो इसे हवाई सुदूर संवेदन (Space Borne Remote Sensing) कहते हैं। यदि यह अंतरिक्ष में उपग्रह जैसे विश्वव्यापी सीमा क्षेत्र की क्षमतावाला है तो इसे अंतरिक्षीय सुदूर संवेदन कहते हैं।

सिद्धांत

सुदूर संवेदन इस सिद्धांत पर आधारित है कि विद्युत् चुंबकीय विकिरण, जो वस्तुओं द्वारा परावर्तित या उत्सर्जित होते हैं, वे संवेदकों द्वारा संवेदित-संसूचित होते हैं। यदि विकिरण स्रोत या तो सूर्य अथवा वह वस्तु है तो उसे निष्क्रिय सुदूर संवेदन कहते हैं, जैसे—हवाई चित्र, उपग्रह प्रतिबिंब इत्यादि। इस पद्धति में सामान्यतया विद्युत् चुंबकीय वर्णक्रम के प्रकाशीय तरंगदैर्घ्य बैंड (दृश्य अवरक्त) का प्रयोग किया जाता है। और इसे प्रकाशीय सुदूर संवेदन भी कहते हैं। यदि विद्युत्-चुंबकीय ऊर्जा वस्तु को प्रदीप्त करने के लिए उत्पन्न की गई है तथा वस्तु से प्रकीर्णन के पश्चात् रिकॉर्ड की जाती है तो उसे सक्रिय संवेदन (Active Remote Sensing) कहते हैं, जैसे—रडार। इस संबंध में अधिकतर सूक्ष्म तरंगों का प्रयोग किया जाता है, इसलिए इसे सूक्ष्म तरंग सुदूर संवेदन (Micro Wave Remote Sensing) भी कहा जाता है (चित्र-105)।

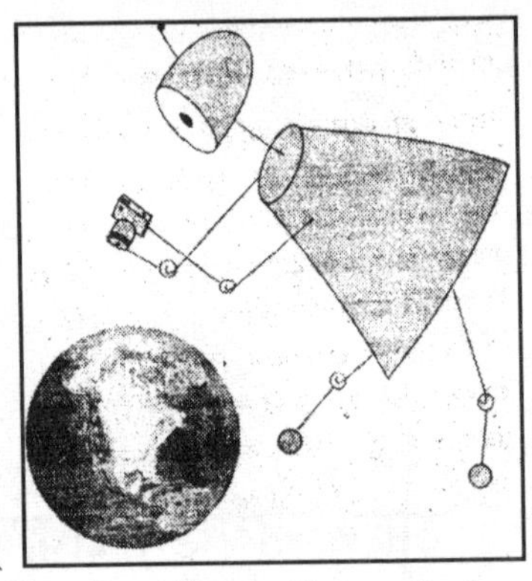

चित्र-105 : सुदूर संवेदन का सिद्धांत।

वस्तुओं से निकली विभिन्न तरंगदैर्घ्यों का परावर्तन या उत्सर्जन वस्तु की भौतिक रचना और उनकी स्थिति पर निर्भर करता है। सुदूर संवेदन की पूरी प्रणाली इस आधार पर बनी है कि सभी वस्तुओं में वर्णक्रम हस्ताक्षर अभिलक्षित होते हैं। भूमि का विशाल क्षेत्रफल देखने हेतु अंतरिक्ष में सुविधाजनक बिंदु के प्रबंध के अलावा उपग्रह पर आधारित आधुनिक सुदूर संवेदन का मुख्य उद्देश्य यह है कि अपरोक्ष रूप से मानव दृश्यता को विस्तारित करना। अतीत में प्रारंभिक तथा हवाई चित्रीकरण लौह चुंबकीय वर्णक्रम (पेनक्रोमेटिक फोटोग्राफी) के दृश्य भाग तक सीमित था। वस्तुतः यह सबसे पहली सुदूर संवेदन तकनीक है तथा सौ से अधिक वर्षों से अस्तित्व में है।

आधुनिक युग में प्रायः सुदूर संवेदन शब्दावली का प्रयोग विद्युत् चुंबकीय विकिरणों द्वारा आँकड़े एकत्रित करने के बाद किसी वस्तु की पहचान करने के लिए किया जाता है। किसी भी वस्तु से परावर्तित अथवा उत्सर्जित विकिरण वर्णक्रम के दृश्य या अदृश्य किसी भी क्षेत्र में हो सकता है। आधुनिक उपकरणों से मानवीय आँखों को अदृश्य, विद्युत् चुंबकीय वर्णक्रम जैसे अवरक्त (इन्फ्रारेड), पराबैंगनी

(अल्ट्रा वॉयलेट), कॉस्मिक, गामा तथा अन्य किरणों का आधुनिक सुदूर संवेदन उपकरणों से अध्ययन किया जा सकता है।

इस अत्याधुनिक तकनीक में कृत्रिम उपग्रहों एवं अंतरिक्ष कौशल को उपयोग में लिया जाता है। सुदूर संवेदकों के पास पृथ्वी सतह से ऊर्जा संचरित होकर पहुँचती है। उपग्रहों में स्थित इन संवेदकों द्वारा विभिन्न प्रकार की सूचनाएँ एकत्रित करके भूमि पर स्थित प्राप्त स्थलों को प्रदान की जाती है, जिसे डिजिटल इमेज प्रोसेसिंग के उपरांत उपयोग में लिया जाता है। पृथ्वी और उसके समक्ष वातावरण एवं संसाधनों से संबंधित सूचनाओं का एकत्रीकरण तथा उसकी व्याख्या करने के लिए कई सुदूर संवेदी उपकरणों का प्रयोग किया जाता है, जिनमें से प्रमुख हैं—हाथ का कैमरा, वायुयान अवस्थित कैमरा, सूक्ष्म तरंगदैर्घ्य रडार अथवा उपग्रह अवस्थित सुदूर संवेदी उपकरण।

भारत में सुदूर संवेदन का प्रारंभ

अंतरिक्ष प्रौद्योगिकी के महत्त्व को भारत ने सन् 1960 में ही पहचान लिया था। डॉ. विक्रम साराभाई, जिन्हें भारतीय अंतरिक्ष कार्यक्रम का जनक भी कहा जाता है, ने अपनी दूरदृष्टि द्वारा सुदूर संवेदन प्रणाली एवं संचार उपग्रह प्रणाली के महत्त्व को जानकर भारतीय अंतरिक्ष कार्यक्रम की सुदृढ़ आधारशिला रखी। सन् 1963 में केरल के थुंबा रॉकेट प्रमोचन केंद्र की स्थापना के साथ ही भारत में अंतरिक्ष युग का आरंभ हुआ और अप्रैल 1975 में प्रथम उपग्रह 'आर्यभट्ट' के प्रमोचन के साथ कृत्रिम उपग्रहों के क्षेत्र में भारत ने सफलतापूर्वक अपना पहला पदार्पण किया। वस्तुतः भास्कर-1 और भास्कर-2 प्रायोगिक सुदूर उपग्रहों के प्रमोचन के साथ भारत में सुदूर संवेदन की पृष्ठभूमि बनी। इन उपग्रहों के पेलोड किसी भी क्षेत्र का मानचित्र, समुद्री सतह का तापमान, सामुद्रिक स्थिति, समुद्री हवाएँ, किसी भी क्षेत्र में जलवाष्प की मात्रा, वायुमंडल आर्द्रता जैसी मौसम संबंधी सूचनाएँ, बर्फ गिरने या पिघलने जैसी घटनाओं का अध्ययन करने में सक्षम थे। इन दोनों प्रायोगिक उपग्रहों की आशातीत सफलता ने भावी प्रचालनात्मक सुदूर संवेदन उपग्रह श्रृंखला आई.आर.एस. उपग्रहों को बनाने की प्रेरणा दी।

भारत में सुदूर संवेदन का कार्य बढ़ाने के लिए हैदराबाद में राष्ट्रीय सुदूर संवेदन अभिकरण की स्थापना की गई। यह अंतरिक्ष विभाग का एक अंग है। आज हर्ष का विषय है कि हमारा भारतवर्ष सुदूर संवेदन उपग्रहों एवं संचार उपग्रहों के निर्माण में आत्मनिर्भर हो चुका है तथा देश के द्वारा प्रमोचित उपग्रह बहुत ही अच्छी

तरह से कार्य कर रहे हैं तथा प्रयोक्ताओं को विश्व स्तरीय गुणवत्ता के आँकड़े प्रदान कर रहे हैं।

उपयोगिता

हमारे देश में सुदूर संवेदन का उपयोग निम्न क्षेत्रों में हो रहा है—

- वन एवं बंजर भूमि के मानचित्रण के लिए
- कृषीय उपज के क्षेत्रफल और पैदावार के अनुमान के लिए
- बाढ़ के प्रबोधन और हानि के अनुमान के लिए
- जल संसाधन प्रबंधन
- नगर नियोजन
- खनिज निर्धारण
- रक्षा क्षेत्र में
- भू-संपदा एवं भू-मानचित्रण
- पर्यावरण प्रभाव मूल्यांकन
- मौसम का पूर्वानुमान।

प्रो.पी.आर. पिशारोटी ने केरल में नारियल के पौधे के मुरझाने की बीमारी का पता सुदूर संवेदन विधि से लगाकर अग्रदूत का कार्य किया है। इसके अतिरिक्त अन्य बीमारियों और बाह्य कीटों के आक्रमण का ज्ञान भी प्राप्त किया जा सकता है।

भौगोलिक सूचना प्रणाली (जी.आई.एस.)

वस्तुतः भौगोलिक सूचना प्रणाली एक ऐसी तकनीक है, जो भूगोलविदों द्वारा मानचित्रों को अधिक जानकारी उपलब्ध करा सकने योग्य बनाने के लिए खोजी गई थी। भौगोलिक सूचना प्रणाली एक कंप्यूटराइज्ड, सूचना संग्रहण संसाधन एवं प्राप्ति तंत्र है, जो विशेष प्रकार के हार्डवेयर एवं सॉफ्टवेयर के साथ भू-संदर्भित आँकड़ों एवं लक्षणों से जुड़ा रहता है।

- जी.आई.एस. भूस्थानिक संबंधी समग्र आँकड़ों के संचालन हेतु एक शक्तिशाली साधन है।
- डिजिटल रूप में कॉम्पैक्ट तथा अधिक मात्रा में आँकड़ों का प्राकलन एवं प्राप्ति अत्यधिक गति एवं कम लागत में संभव है।
- विभिन्न प्रकार के आँकड़ों के एकीकरण, प्राकलन एवं विश्लेषण हेतु यह उपयोगी है।

- योजना प्रारूप, डिजाइन मॉडल आदि जी.आई.एस. के सामान्य कार्य हैं।

जैसा कि वर्णित किया जा चुका है, भौगोलिक सूचना प्रणाली कंप्यूटरीकृत विधि है, जो विभिन्न भू-संदर्भित आँकड़ों को संयोजित एवं विश्लेषित कर योजना की आवश्यकतानुसार जानकारी तैयार करती है। अन्य सूचना प्रणाली की तरह जी.आई.एस. में प्राथमिक रूप से आगत व निर्गम प्रणाली एवं डी.बी.एम.एस. सम्मिलित होते हैं। परंपरागत डाटाबेस प्रबंधन प्रणाली से जी.आई.एस. डाटाबेस प्रणाली अलग है, क्योंकि यह प्रत्यक्ष या अप्रत्यक्ष रूप से पृथ्वी की सतह की स्थिति से संबंधित होती है। जी.आई.एस. में त्रिविम, साधारण तथा सांख्यिकी सभी प्रकार के आँकड़ों को सँभाला जाता है, जैसे—प्राकृतिक संसाधन, पर्यावरण, भीतरी संरचना, सामाजिक एवं आर्थिक पक्ष।

त्रिविम विशेष आँकड़ों में स्थलाकृति, भूमि-उपयोग, वन, मिट्टी, जल-ग्रहण क्षेत्र, जल, भू-विज्ञान, भू-आकृति, मौसम, प्रशासकीय सीमाएँ, भू-जल प्रवाह, मृदा उत्पादकता तथा जल-क्षरण आदि आते हैं। जी.आई.एस. के सैद्धांतिक फलन चित्र-106 में दरशाए गए हैं।

जी.आई.एस. के भाग

जी.आई.एस. के मुख्य भाग दो प्रकार से वर्गीकृत किए जा सकते हैं—पहला उपयोग के आधार पर एवं दूसरा, उसमें सम्मिलित अवयवों के आधार पर।

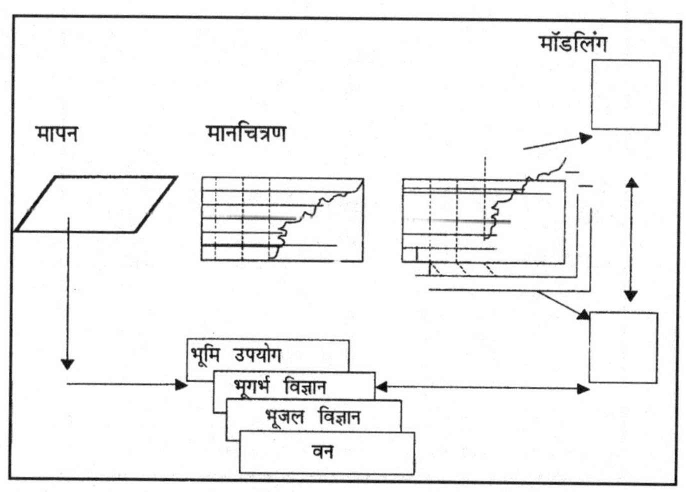

चित्र-106 : जी.आई.एस. के सैद्धांतिक फलन।

उपयोग के आधार पर वर्गीकृत भाग निम्नलिखित हैं—

- अंतिम उपयोग या प्रबंधन
- आँकड़ा प्राप्ति
- आँकड़ा निवेश
- आँकड़ा संग्रह एवं प्राप्ति
- विश्लेषण
- सूचना प्रदर्शन।

कार्यशील जी.आई.एस. पाँच मुख्य अवयवों का समूह है—हार्डवेयर, सॉफ्टवेयर, आँकड़ा, जनता एवं विधि (चित्र-107)।

जी.आई.एस. के उपयोग

साधारण डाटाबेस जानकारी से लेकर जटिल विश्लेषण और निर्णायक प्रणाली तक जी.आई.एस. की उपयोगिता है। उपयोगिता का क्षेत्र प्राकृतिक संसाधनों से लेकर अपराध-नियंत्रण और बाढ़-चेतावनी से लेकर युद्ध-प्रक्रिया में किया जाता है।

भौगोलिक सूचना प्रणाली के उपयोगिता क्षेत्रों का विवरण निम्नवत् है—

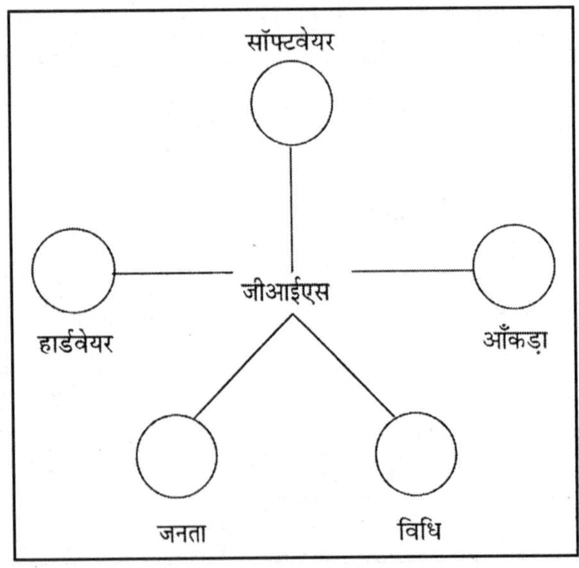

चित्र-107 : जी.आई.एस. के मुख्य अवयव।

- **कृषि**—जी.आई.एस. का विभिन्न कृषि संबंधी कार्यों में उपयोग किया जा रहा है, जैसे—फसल उत्पादन प्रबंधन, फसल चक्र अवलोकन तथा मृदा संरक्षण आदि।
- **व्यापार**—जी.आई.एस. के द्वारा व्यापारिक सूचनाओं की स्थिति के अनुसार उनके प्रबंधन में सहायता मिलती है। उपयोगकर्ता द्वारा व्यापार की साइट, व्यापार का प्रचार, अधिकतम बिक्री के क्षेत्र आदि के बारे में जानने का मार्ग निर्धारित किया जा सकता है। जी.आई.एस. किसी कंपनी को अधिक प्रतिस्पर्धापरक एवं सफल बना सकती है।
- **विद्युत् एवं गैस उपयोग**—शहरों में विद्युत् एवं गैस के वितरण में भी जी.आई.एस. से सहायता मिलती है। यह ट्रैक को ठीक करने, शिकायत निवारण या मॉडल वितरण के विश्लेषण आदि में भी सहायक है।
- **पर्यावरण**—पर्यावरण को सुरक्षित रखने हेतु जी.आई.एस. प्रत्येक दिन सहायक है। मानचित्र बनाने, पर्यावरण प्रभाव मापन एवं प्रदूषणकारी पदार्थों की पहचान आदि सभी में जी.आई.एस. की विशिष्ट भूमिका है। पर्यावरण में जी.आई.एस. के अनंत उपयोग हो सकते हैं।
- **वन**—वर्तमान में वन प्रबंधन बहुत ही जटिल एवं चुनौतीपूर्ण कार्य है। जी.आई.एस. के द्वारा वन कर्मचारी सरलता से जंगल की प्रणाली की देखभाल तथा उसका प्रबंधन कर सकते हैं।
- **भू-विज्ञान**—सर्वप्रथम जी.आई.एस. का उपयोग भूगर्भ वैज्ञानिकों द्वारा किया गया। आज प्रतिदिन विभिन्न कार्यों में इसका उपयोग किया जाता है। भूगर्भीय संरचना, आकृति, मृदा विश्लेषण, सिसमिक यानी भूकंप के बारे में सूचना, भौगोलिक आकृतियों के त्रिविम प्रदर्शन आदि सभी में जी.आई.एस. का उपयोग होता है।
- **जल संसाधन प्रबंधन**—शहरी क्षेत्र के विकास हेतु भूमि उपयोग के अवलोकन एवं योजना निर्माण में स्थानीय/राज्य स्तरीय एवं राष्ट्रीय स्तर पर शासन-प्रशासन द्वारा जी.आई.एस. की सहायता ली जाती है। भू-जल उपलब्धता निर्धारण में भी इसका उपयोग किया जाता है। भू-जल निर्धारण के कारकों को एकीकृत करके विश्लेषित करने में जी.आई.एस. का विशेष महत्त्व है। इसके अलावा जल प्रवाह आकलन, अतिदोहित भू-जल क्षेत्रों की पहचान, भू-जल का दक्षतम उपयोग एवं संरक्षण तथा भू-जल विकास में भी भौगोलिक सूचना प्रणाली का उपयोग किया जाता है।

- **सेना कार्य**—सेना के अधिकारी जी.आई.एस. का उपयोग विभिन्न कार्यों हेतु करते हैं, जैसे—आधार मानचित्र बनाने में, स्थलाकृति का विश्लेषण करने में तथा नीतिगत निर्गम (चित्र-108) आदि।

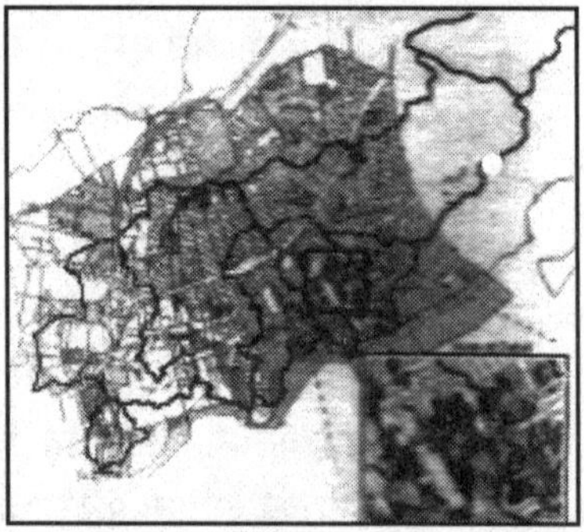

चित्र-108 : सेना कार्य में जी.आई.एस.।

- **आपदा प्रबंधन**—भौगोलिक सूचना प्रणाली आपदा प्रबंधन एवं विश्लेषण में भी सहायता कर सकती है। प्राकृतिक या मानवीय आपदा प्रभावित क्षेत्र के चिह्नित करने में भी जी.आई.एस. का उपयोग किया जाता है। यदि एक बार क्षेत्र का निर्धारण हो जाता है तो उसके हेतु आवश्यक प्रबंधन की योजना तैयार करना संभव हो जाता है।
- **परिवहन**—परिवहन प्रबंधन एवं यात्रा प्रबंधन/मार्गदर्शन में भी जी.आई.एस. सहायता कर सकता है। रेल लाइन एवं सड़कों की हालत के अवलोकन एवं सामग्री भेजने हेतु उत्तम रास्ते के चयन में भी जी.आई.एस. की महत्त्वपूर्ण भूमिका है। इसके अतिरिक्त साइट योजना, औद्योगिक इकाइयों के अवशेषों को नष्ट करने जैसे अनेक कार्यों में जी.आई.एस. की महत्त्वपूर्ण भूमिका है।
- **पक्षी अवलोकन**—जी.आई.एस. एवं पक्षी अवलोकन केनेडियन वन्य जीवन रेखा का एक कार्य राष्ट्रीय वन्य शोध संस्थान के माध्यम से उत्तर एवं दक्षिण अमेरिका में वन्य जीवों के वितरण का अध्ययन करना है। इसके लिए एक ऐसी विधि की आवश्यकता थी, जिसके द्वारा जानवरों की वितरण प्रणाली को प्रदर्शित किया जा सके। डॉ. गुये मोरिशन ने इस समस्या का समाधान मैपइंफो के माध्यम से किया। सी.डब्ल्यू.एस. ने आटोकेट एवं मैपइंफो का उपयोग कर पक्षियों के वितरण से संबंधित अनेक एटलस प्रकाशित किए।
- **जन-सुरक्षा**—वस्तुतः जब हम जन-सुरक्षा की बात सुनते हैं तो हमारे मस्तिष्क में मुख्य रूप से यह बात आती है कि सड़क पर पुलिस द्वारा

यातायात नियंत्रण कैसे हो अथवा कितनी जल्दी आपातकाल में अग्निशामक या रोगी वाहन उपलब्ध हो अथवा सेना के आक्रमण, बाढ़ आने पर, भूकंप आने पर किस प्रकार सहायता प्राप्त हो। परंतु अभी तक हमने जन-सुरक्षा का मानचित्रीकरण करने के बारे में विचार नहीं किया है। वर्तमान काल के अनिश्चितता के दौर में विश्व में जन-सुरक्षा हेतु यह अत्यंत आवश्यक है। डिजिटल मानचित्रण तकनीक के उपयोग से सभी संबंधित आँकड़ों के प्रयोग से बिना प्रतिवेदन को पढ़े ही एक दृश्य प्रस्तुत किया जा सकता है।

- **अपराध विश्लेषण एवं रोकथाम**—जी.आई.एस. के द्वारा जनता को अपराध एवं अपराधी से बचाने हेतु आपराधिक गतिविधियों की खोज के द्वारा अपराध के पैटर्न को ज्ञात किया जा सकता है तथा इस आधार पर सुरक्षात्मक उपाय हेतु योजना तैयार की जा सकती है। लंदन की पुलिस का तकनीकी विभाग जी.आई.एस. आधारित अपराध विश्लेषण प्रणाली का कई वर्षों से उपयोग कर रहा है।
- **महासागरीय अध्ययन**—जी.आई.एस. तकनीक महासागरों के अध्ययन के लिए निम्न प्रकार से सहायक है—
  - → अगम्य क्षेत्रों में, जहाँ आसानी से जहाजों द्वारा अध्ययन नहीं कर सकते, जैसे—अंटार्कटिका के प्रादेशिक क्षेत्र इत्यादि की जानकारी प्राप्त करना।
  - → महासागरों के विशेष चित्र एवं बेसिन के विस्तृत अध्ययन एवं घटनाओं के बारे में जानकारी।
  - → विभिन्न प्रकार की समुद्री लहरों, समुद्र, वायु इत्यादि जो अन्य साधनों से मापित नहीं हो सकती, का आसानी से अंकन करना।
  - → मत्स्य उत्पादन को बढ़ावा देना।
  - → उपग्रह सुदूर आँकड़ों द्वारा वातावरण का पूर्वानुमान कर तूफान तथा चक्रवात के बारे में समुद्र में जानेवाले मछुआरों एवं कारगोलाइनर्स आदि को समय पर ही चेतावनी एवं अनुदेश देना।

उपग्रह सुदूर संवेदन महासागर संसाधनों के निर्धारण एवं प्रबंध करने में बहुत उपयोगी है।

भू-वातावरण को प्रभावित करनेवाले सामुद्रिक कारणों को समझने के लिए सुदूर संवेदन एवं जी.आई.एस. का बहुत महत्त्व है; क्योंकि इसमें वृहद्, कालिक

और आकाशीय प्रकृति के आँकड़े प्राप्त करने की क्षमता है।

जी.आई.एस. की भारत में उपादेयता

भौगोलिक सूचना प्रणाली का भारत में उपयोग, 80 के दशक के प्रारंभ में शुरू हुआ। इसका एक सबसे महत्त्वपूर्ण प्रयास वसुंधरा परियोजना में परिलक्षित होता है, जो भू-सर्वेक्षण विभाग एवं अंतरिक्ष विभाग का संयुक्त कार्यक्रम था एवं संयुक्त रूप से दोनों संस्थाओं ने कार्या किया था। क्षेत्रीय स्तर पर सूचना प्रणाली विकसित करने हेतु इसमें सुदूर संवेदन आँकड़े एवं परंपरागत आँकड़ों का उपयोग किया गया। इसी तरह का कार्य अंतरिक्ष विभाग एवं भू तथा खनन विभाग, गुजरात में खनिज अन्वेषण सूचना प्रणाली विकसित करने हेतु परियोजना स्तर पर किया गया।

जी.आई.एस. पैकेज के आने के बाद विभिन्न परियोजनाएँ अंतरिक्ष विभाग द्वारा ली गईं। पर्यावरण विभाग, भारतीय सर्वेक्षण, ग्राम एवं नगर निवेश योजना संस्थान तथा अन्य विभाग जो शहरी योजना, क्षेत्रीय योजना, जिला योजना, परती भूमि विकास, वन प्रबंधन आदि में सम्मिलित हैं, विभिन्न परियोजनाओं में जी.आई.एस. का उपयोग कर रहे हैं।

□

क्वेकसैट उपग्रह

भूकंपों का आना ग्लोबल स्तर पर चिंतनीय विषय है। ये केवल मानव जीवन के लिए चेतावनी नहीं, वरन् परिक्षेत्रीय आधार-तंत्र के लिए भी एक बहुत बड़ा खतरा है। अभी तक यही विश्वास चला आ रहा है कि भूकंपों का पूर्वानुमान नहीं किया जा सकता है; परंतु ऐसी आशा है कि क्वेकसैट मिशन इस धारणा को बदल देगा। अत्यधिक निम्न आवृत्तिवाले चुंबकीय सिग्नलों के विकिरण को अभिगृहीत करनेवाली अंतरिक्ष आधारित तकनीक ने भूकंप संभावनाओं के पूर्वानुमान के क्षेत्र में एक महान् क्रांति का उद्‍भव किया है। क्वेकसैट उपग्रह (चित्र-109) इस दिशा में एक महान् सोपान है।

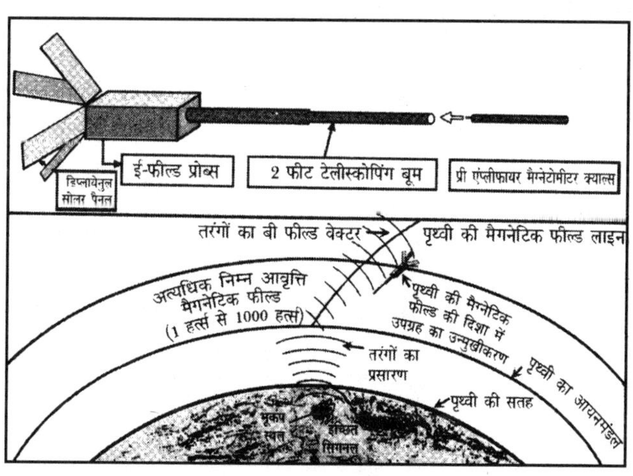

चित्र-109 : क्वेकसैट उपग्रह की कार्य-प्रणाली।

वस्तुतः क्वेकसैट उपग्रह अत्यधिक लघु आकार का उपग्रह (नैनो उपग्रह) है। इसका प्रमोचन 30 जून, 2003 को किया गया। इस उपग्रह के द्वारा अत्यधिक निम्न आवृत्तिवाले भूकंप सिग्नलों के अभिग्रहण की संकल्पना को सिद्ध किया जाना है। इस उपग्रह का आकार 4'' × 4'' × 12'' है। इसकी डिजाइन क्यूबसैट संकल्पना पर आधारित है, जहाँ प्रत्येक क्यूब सैट का आकार 4'' × 4'' × 4'' है।

क्वेकसैट उपग्रह के मुख्य तीन प्राथमिक मिशन हैं—

- भूकंप के अत्यधिक निम्न आवृत्ति विकिरणवाले आँकड़ों का पता लगाना।
- महत्त्वपूर्ण अंतरिक्ष विज्ञान अनुसंधान प्रयोगों को संपन्न करने के लिए क्यूबसैट नैनोसैट कार्यक्रम की क्षमता का प्रदर्शन करना।
- व्यावसायिक रूप से उपलब्ध तकनीक का प्रयोग करके माइक्रोसैट के एक शॉर्ट मिशन का विकास करना।

30 जून, 2003 को प्रमोचन के प्रश्चात् एक वर्ष तक इस उपग्रह ने बहुत अच्छा कार्य किया तथा लगभग एक गीगाबाइट के आँकड़े प्रदान किए। इस मिशन ने यह भी सिद्ध कर दिया कि क्वेकसैट मिशन कम खर्चवाला अंतरिक्ष मिशन है। क्वेकसैट के द्वारा ऐतिहासिक दृष्टि से भूकंप-सक्रिय क्षेत्रों का अधिक-से-अधिक डाटा (आँकड़े) एकत्रित किए गए हैं तथा भावी भूकंपों के लिए यह एक पृष्ठभूमि का कार्य करेगा। भूकंपों के पूर्वानुमान के लिए क्वेकसैट अकेला उपग्रह नहीं है, वरन् फ्रांस का वर्ष 2004 में प्रमोचित उपग्रह 'डीमीटर' भी क्वेकसैट की तरह के आँकड़े प्रदान कर रहा है।

□

सौर ऊर्जा उपग्रह

तीव्र गति से बढ़ती हुई जनसंख्या में वृद्धि तथा प्रति व्यक्ति ऊर्जा खपत में बढ़ोतरी स्पष्ट संकेत देती है कि मानव को पर्यावरण को दूषित करनेवाले पारंपरिक ऊर्जा स्रोतों से हटकर ऊर्जा के अन्य नए तरीकों को ढूँढ़ना होगा। इस दृष्टि से नवीकरणीय स्रोतों, जैसे—सौर ऊर्जा, पवन ऊर्जा तथा ज्वारीय ऊर्जा आदि की ओर ध्यान देना होगा। आपको ज्ञात होगा कि अंतरिक्ष भी अपने अंदर कभी न समाप्त होनेवाली और प्रदूषण-रहित ऊर्जा का विशाल भंडार सँजोए हुए है। सौर ऊर्जा उपग्रहों (Solar Power Satellites) की सहायता से इस ऊर्जा के विशाल भंडार को पृथ्वीवासियों के कल्याण के लिए पृथ्वी पर लाया जा सकता है। अंतरिक्ष आधारित तंत्र के प्रयोग से सूर्य की ऊर्जा को एकत्रित करके पृथ्वी की ओर भेजा जा सकता है, जहाँ पर उसे पृथ्वी में उपयोगी ऊर्जा के रूप में परिवर्तित किया जा सकता है।

सौर ऊर्जा उपग्रह के लिए आवश्यक तकनीकों का आविष्कार उन्नीसवीं सदी के हेनरी बेक्वेरल मार्कोनी और निफोला टेस्ला जैसे महान् वैज्ञानिकों के द्वारा किया गया था, जिन्होंने सोलर सेलों और वायरलेस संचार का आविष्कार किया।

अंतरिक्ष में सूर्य के प्रकाश से अंतरिक्ष की कक्षा के एक उपग्रह के लिए बिजली उत्पन्न करने (विशेषकर सोलर सेलों को प्रयोग करके) की प्रक्रिया आज से लगभग चालीस वर्ष पहले प्रयोग में लाई जा चुकी है तथा आज भी यह प्रयोग में लाई जा रही है; परंतु एक विशालकाय सौर ऊर्जा उपग्रह, जो अंतरिक्ष की भू-स्थिर (जियोस्टेशनरी) कक्षा में रहकर सौर ऊर्जा एकत्रित करके इससे एक विद्युत् चुंबकीय किरण का सृजन करके उसे पृथ्वी की ओर भेजेगा, की खोज कैंब्रिज (मैसाचुएट्स) की आर्थर डी. लिटिल कंपनी के टेक्नोलॉजिस्ट एवं उपाध्यक्ष डॉ. पीटर ग्लैसर ने सन् 1968 में की थी।

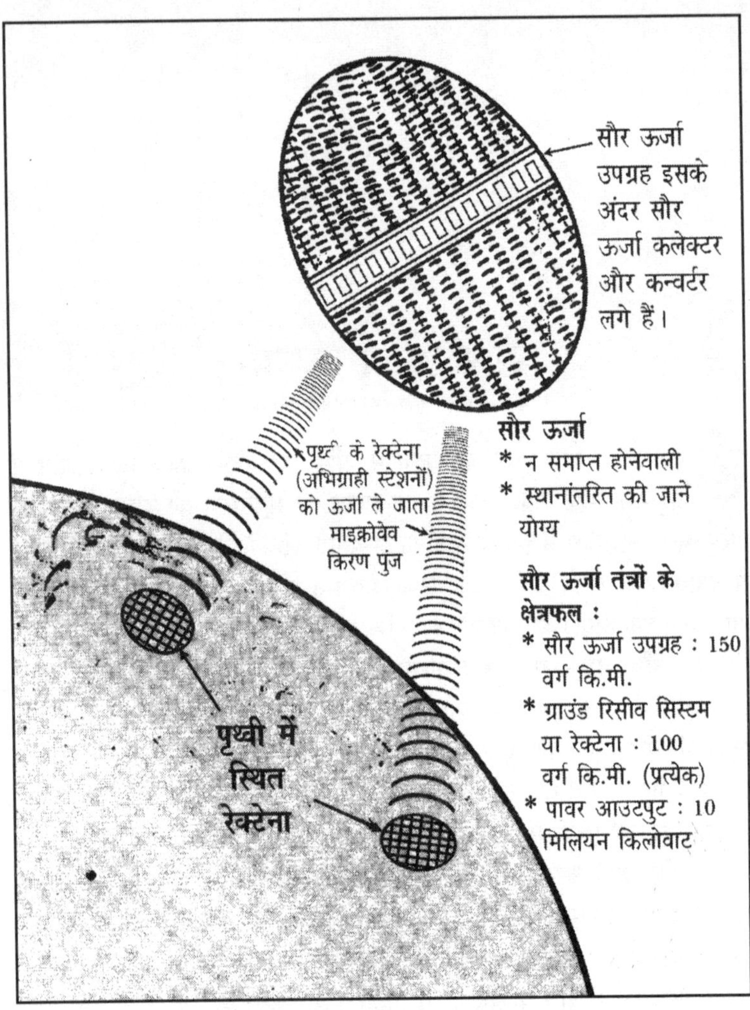

चित्र-110 : सौर ऊर्जा उपग्रह तंत्र।

सन् 1976-80 के दौरान ऊर्जा संकट के कारण सौर ऊर्जा उपग्रह संकल्पना का अध्ययन अमेरिका के ऊर्जा विभाग ने नासा के सहयोग से प्रारंभ किया। यह अध्ययन 'सन् 1979 सौर ऊर्जा उपग्रह रेफरेंस सिस्टम' के नाम से अधिक लोकप्रिय है। इस संकल्पना का मुख्य सुझाव था कि अंतरिक्ष में विशाल आकार के पॉवर इन्फ्रास्ट्रक्चर का निर्माण, जिसके अंदर लगभग 60 सौर उपग्रह होंगे तथा प्रत्येक 5 गीगावॉट (अर्थात् 5,000 मेगावॉट) विद्युत् ऊर्जा प्रदान करेगा।

एक सौर ऊर्जा उपग्रह के मुख्य रूप से तीन भाग होंगे—(1) विशाल आकार का सोलर कलेक्टर, (2) उपग्रह में स्थित माइक्रोवेव (सूक्ष्म तरंग) एंटेना तथा (3) पृथ्वी पर स्थित एक विशाल आकार का एंटेना।

सौर ऊर्जा उपग्रह की कार्य-प्रणाली में पहला चरण होगा सेलों से प्राप्त डी.सी. विद्युत् धारा को उपग्रह में सूक्ष्म तरंग पावर में परिवर्तित करना। दूसरा चरण होगा पृथ्वी की सतह में कुछ निर्धारित अवस्थिति के लिए सूक्ष्म तरंग पावर की बीमों का केंद्रीयकरण तथा तीसरा चरण होगा पृथ्वी में स्थित एंटेना के द्वारा सूक्ष्म तरंग ऊर्जा का संचयन और इसका विद्युत् ऊर्जा में परिवर्तन। सौर ऊर्जा उपग्रह तंत्र को चित्र-110 में दिखाया गया है।

पृथ्वी से सौर ऊर्जा संचयन की तुलना में अंतरिक्ष से सौर ऊर्जा संचयन बहुत लाभकारी है। अंतरिक्ष में वायु नहीं होती है, इसलिए सौर ऊर्जा उपग्रह अंतरिक्ष में अधिक तीव्रतावाले सूर्य प्रकाश का अभिग्रहण करेगा तथा इस पर मौसम का कोई प्रभाव नहीं होगा।

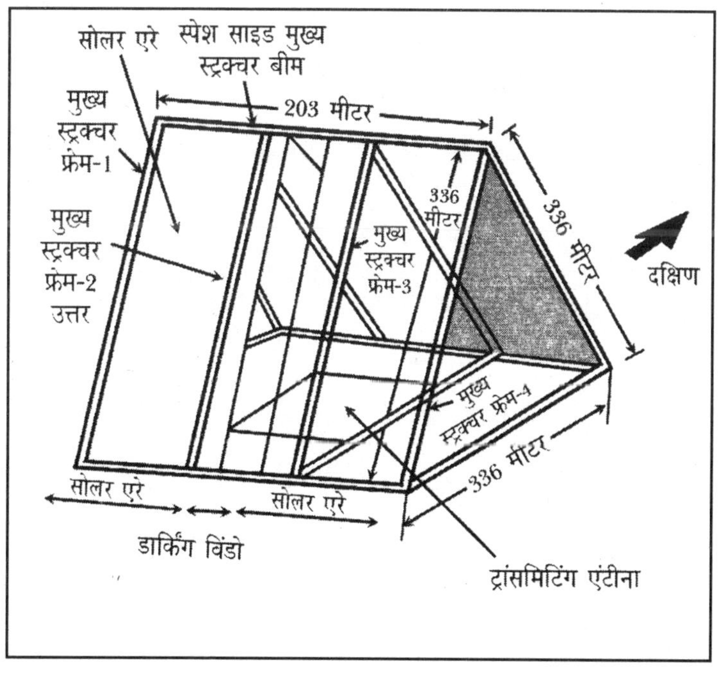

चित्र-111 : सौर ऊर्जा उपग्रह का प्रस्तावित स्वरूप।

सौर ऊर्जा उपग्रह के लिए व्यावसायिक और प्रभावशाली तकनीकों के प्रयोग की आवश्यकता पड़ेगी तथा कालांतर में इसमें कई सुधार की गुंजाइश है।

आशा है कि सन् 2030 से सौर ऊर्जा उपग्रह ऊर्जा के प्रमुख स्रोत बनेंगे तथा विश्व की ऊर्जा खपत 2020 तक 75 प्रतिशत बढ़ जाने का अनुमान लगाया जा रहा है। आगामी दशक तक वर्तमान स्थिति के अनुसार तेल के भंडार समाप्ति की ओर जाने की संभावना है। थर्मल पॉवर स्टेशनों की तरह सौर ऊर्जा उपग्रह से जनित पावर वायुमंडल में कार्बन डाइऑक्साइड को नहीं बढ़ाएगी। सौर ऊर्जा उपग्रह के प्रस्तावित स्वरूप को चित्र–111 में दरशाया गया है।

वैसे तो सौर ऊर्जा पैनलों को पृथ्वी पर रखकर भी सौर ऊर्जा प्राप्त की जाती है, परंतु अंतरिक्ष में सोलर कलेक्टर स्थापित करने में सूर्य की ऊर्जा बिना किसी अवरोध के लगातार प्राप्त होती रहती है तथा इस पर मौसम अथवा ऋतुओं का कोई भी प्रभाव नहीं पड़ता है। सौर ऊर्जा उपग्रह विश्व व्यापी वैश्विक तापन (ग्लोबल वार्मिंग) को नियंत्रित करने में भी सहायक होंगे।